KB046119

인사의
다섯 가지 _____ 시선

인사의 다섯 가지 시선

초판 1쇄 발행 _ 2022년 7월 15일
초판 2쇄 발행 _ 2022년 8월 1일

지은이 _ 조은미

펴낸곳 _ 바이북스
펴낸이 _ 윤옥초
책임 편집 _ 김태윤
책임 디자인 _ 이민영

ISBN _ 979-11-5877-303-8 03190

등록 _ 2005. 7. 12 | 제 313-2005-000148호

서울시 영등포구 선유로49길 23 아이에스비즈타워2차 1005호
편집 02)333-0812 | 마케팅 02)333-9918 | 팩스 02)333-9960
이메일 bybooks85@gmail.com
블로그 https://blog.naver.com/bybooks85

책값은 뒤표지에 있습니다.

책으로 아름다운 세상을 만듭니다. ― 바이북스

미래를 함께 꿈꿀 작가님의 참신한 아이디어나 원고를 기다립니다.
이메일로 접수한 원고는 검토 후 연락드리겠습니다.

회사에서 인정받고 싶은 30대를 위한
인사담당자와의 커피 한 잔

인사의
다섯 가지 ——— 시선

조은미 지음

바이북스
ByBooks

당신이 누구인지 책으로 증명하라. 내가 쓴 책의 제목인 동시에 수많은 직장인에게 진심으로 하고 싶은 얘기다. 사람들이 알아주지 않는다고, 회사를 나오니까 떨이상품 취급을 받는다고, 내 실력을 인정하지 않는다고… 억울해할 것 없다. 하소연할 시간에 글을 써서 당신을 증명하라. 저자는 그런 내 주장을 받아들이고 이를 멋지게 실행했다. 그동안의 인사경험을 책으로 낸 것이다.

난 오랫동안 저자를 알아왔지만 이 정도로 성장했는지는 몰랐다. 그가 쓴 글을 보면서 그가 예전의 그가 아니란 사실을 발견했다. 내 눈에 대부분 인사 쪽 일을 하는 사람은 담당자다. 하지만 저자는 담당자를 넘어선 전문가다. 그럴 자격이 있다. 회사에서 인정을 받고 싶은가? 그렇다면 인사의 시선으로 당신을 보라. 느끼는 게 있을 것이다.

한근태 작가/한스컨설팅 대표

10여 년 전 저자에게 인사컨설팅을 제공하면서 인연을 맺고 업계 동반자로 함께하고 있다. 그녀는 다양한 글로벌 기업의 한국지사 CHRO최고인사책임자로서 조직의 성장에 직접적으로 기여해왔고, 구성원들이 조직에 몰입할 수 있는 방안을 끊임없이 고민하고 실행해야 하는 역할을 실천하고 있다.

굴지의 외국계 기업들에서 인사실무를 담당하고 CHRO로 경험한 리얼 팩트Real Facts가 일하며, 성장하고, 공존하고, HR전문가로서의 삶을 살아가야 하는 스토리로 고스란히 담겨 있다. HR영역에서 커리어를 시작한 이들부터 매니저급으로 활동하고 있는 HR 프랙티셔너Practitioner들에게도 미래를 준비하는 데 도움이 되는 글이다. Keep your chin-up!

박진석 대표/Korn Ferry 컨설팅그룹

인사부 총괄책임자로 부임한 저자의 첫인상은 그동안 생각해왔던 인사담당자와 달랐다. 사교적이고 사람 좋은 그런 이미지는 아니었다. 오랜 시간 겪어볼수록 그녀는 천생 HR이다. 인사업무에 대한 깊은 자부심과 소명감을 바탕으로 사람의 성장을 지원하고 조직을 바꾸는 일에 행복을 느끼는 사람이다. 조직에서의 삶이 달라지고 싶다면 저자가 하는 얘기에 귀 기울어보라.

유신옥 부사장/라이나생명

슬기로운 직장생활은 어떤 것일까? 자신을 존중하는 일터에서 의미 있는 일에 몰입하고, 사람들과 좋은 관계를 경험하고 성장하는 것이 아닐까? 이 책은 일터의 다양한 장면에서 부딪히는 생생한 직장인들의 고민을 담고 있으며, 이를 더 큰 시각에서 보게 해준다. 인사전문가의 경험에서 나오는 조언도 있지만, 그 자신이 더 나은 커리어를 위해 분투해온 직장인으로서 습득한 지혜가 배어 있기 때문이다.

우리의 브랜드는 함께 일한 사람들이 만들어주며, 직장의 평판은 직원들이 매겨준다. 어떻게 하면 자기 목소리를 잃지 않으면서, 성숙한 자세로 일터에서 살아남고 계속 성장할 수 있을까를 고민하는 모든 직장인들에게 권유하고 싶다.

고현숙 국민대 교수/코칭경영원 대표코치

때로는 어렵고 고민되는 직장생활 장면에서 객관화된 시각을 더해주고, 다양한 관점으로 생각을 넓혀주는 조언이 명쾌하게 들어 있는 글입니다. 직장에서 타인의 성장을 돕는 일에 소명을 다하는 저자의 시선이 생생하게 담겨 있습니다. 일을 통해 타인과 공존하며 개인성장을 도모하는 분들께 추천합니다.

유선미 전무/마이크로소프트 아시아태평양 인재개발 총괄

오랫동안 인사업무를 하면서 인사가 참 가깝고도 먼 부서라는 생각에 안타까울 때가 있었습니다. 직원의 입사부터 퇴사까지 함께하는데 많은 사람들이 인사부를 권력부서로 생각하거나 어려워하는 경향도 있고, 칭찬을 해주기보다 감시를 하는 부서 같은 느낌을 가지기도 합니다. 그러다 보니 정작 도움이 필요할 때조차 다가가기 쉽지 않다고도 합니다.

HRHuman Resources is my Destiny! 인사는 제 운명입니다. 조직에서 사람을 위한 정말 중요한 일을 하고 있다는 깊은 자부심도 가지고 있습니다. 야근도 주말도 마다하지 않고 열정적으로 일했습니다. 열심히 한 만큼 현실적인 대가도 따라오는 것 같았습니다. 그런데 너무 과로한 것일까요? 아니면 그냥 우연이었을까요? 삶이 버겁다고 느껴지던 어느 해 갑상선암을 시작으로 몇 년 간격으로 세 번의 수술을 받게 되었습니다.

세 번째 수술을 기다리는 대기실 천장에 '두려워하지 말라'로 시작하는 《성경》 구절이 눈에 들어왔습니다. 다행히 심각한 상태가 아니라 두렵다는 생각을 해보지 않았는데, 막상 그 문구를 보니 두려운 마음이 들었습니다. 때마침 옆 침대를 돌아보니 간절히 기도하는 환자가 보였습니다. '내가 이대로 깨어나지 못할 수도 있을까' 하는 생각이 잠깐 스쳤습니다. 삶과 일에 대해서 다시 한 번 돌아보는 계기가 되었습니다. 인사업무를 하면서 타인의 성공에 기여하고 성장을 돕는 일은 변함없이 소중하고 보람 있는 일이기에 다소 위안이 되었습니다.

사람들은 저마다의 이유로 일을 합니다. 구본형 선생은 《신화 읽는 시간》이라는 책에서 좋은 직업을 '밥+존재'라고 표현했습니다. 일은 모두에게 밥벌이기도 하지만, 일을 하는 좀 더 큰 의미가 있을 거라고 생각합니다. 아니 그랬으면 좋겠습니다. 그래서 직장에서의 하루하루가 영혼이 탈탈 털리는 시간이 아니라 일을 통해 타인과 공존하며, 궁극적으로 자기 존재가 성장하는 가치 있는 경험이 되기를 바랍니다.

그런 직장인들을 위해서 인사전문가로서 딱딱하고 뻔한 전문지식 전달자가 아니라, 친한 인사담당자와 편하게 커피 한 잔하며 들을 수 있을 것 같은 따뜻한 조언, 교과서적이지 않은 현실에 적용가능한 행복한 직장생활을 위한 팁을 공유하고 싶었습니다. 20년 이상 여러 산업군의 글로벌 조직에서 인사업무를 한 경험을 바탕으로 현명한 직장생활을 위한 마음자세, 관계 맺기, 다양한 사람이 공존하는 조직에서 나와 타인을 위한 역할 등을 얘기하고 싶었습니다.

막상 글을 쓰기 시작하니 고민이 깊어 졌습니다. 과연 이게 책이 될 만한 글인지, 안다고 생각했는데 생각보다 아는 게 정말 없었구나 하는 마음도 들었습니다.

그래도 열심히 써가다 보면 잘 쓴 글은 아니어도 살아온 경험 어딘가에 진심을 담은 글은 쓸 수 있지 않을까 하는 기대를 했습니다. 먼 훗날 이 책을 돌아보면 부끄러워 도망가고 싶을 만큼 성장해 있기를 바랍니다. 실제로 내가 쓴 글 안에서 항상 나보다 훌륭한 인간을 만납니다. 지금의 내가 아니라 되고자 하는 나의 모습에 가까운.

첫 시작을 했다는 것에 위안을 삼고, 안 하는 것보다 했으니 잘했다고 칭찬하는 마음으로 어딘가에 있을 독자에게, 커리어 성장에 도움을 받을지 모르는 누군가에게 내 생각과 이야기를 전해봅니다.

조직생활을 하고 있는 사람들에게 도움을 주고 싶어 시작한 글인데, 그들을 통해서 내가 성장했고 오히려 도움을 받았다는 사실을 새삼 깨닫게 됩니다. 이 글을 통해 인사담당자로서, 한 사람으로서 건네는 위로와 지지가 많은 직장인들의 어깨를 토닥이게 되기를 진심으로 바랍니다.

한 번도 생각해보지 못한 글 쓰는 삶을 선물해주신 한근태 작가님, 김자옥 작가님, 변함없이 응원해준 글사세 5기, 서툰 원고를 내민 첫 만남에서 '작가님'이라 부르며 도움을 주신 윤옥초 대표님, 김태윤 편집팀장님, 그리고 사랑하는 가족들에게 깊은 감사를 전합니다.

어쩌다 HR, 아무튼 HR

조은미

차례

Part 1 일하며 성장하기

Chapter 1 자존감

Part 3   일로 **나의 삶을** 살기

Chapter 5   삶

일하며
성장하기

자존감

01
너나 잘하세요~

우리 아빠의 지극히 주관적인 의견에 따르면 나는 배우 이영애를 닮았다. 미모와는 거리가 멀지만 회사생활을 하면서 목소리가 이영애와 닮았다는 얘기는 종종 듣는다. 우아한 듯 나른한 목소리가 비슷하다는데, 영화 〈친절한 금자씨〉 대사인 "너나 잘하세요"라도 따라하면 진짜 똑같다며 감탄할 정도다.

그래서였을까? 사회생활을 하면서 이 말이 나를 지켜주는 순간이 많았다. 부당한 대접을 받을 때, 선의를 담고 있지 않아 평가가 정당하지 못하다고 느낄 때, 상대방이 이유

인사의 다섯 가지 시선

없이 함부로 대할 때, 나는 정말 이 말을 한다.

"너나 잘하세요~."

물론 대부분은 마음속으로만 한다. 그래도 어느 쪽이든 효과는 있다.

상사와의 면담 후 울음이 터진 여성 매니저를 우연히 목격하게 되었다. 커피를 마시며 자초지종을 물었다. 상사와 일대일 미팅에서 부서상황과 팀원 얘기를 하던 중에 원하는 것이 있냐는 질문을 받았고, 본인의 경력개발 계획과 함께 '이사' 타이틀을 바란다는 답변을 했다고 한다. 상사는 리더십 마인드와 역할을 강조하며, 현재 부서의 부서장 승진만을 목표로 삼거나 한글직급에 연연하기보다 경력개발을 위한 다양한 시각을 가지라는 충고를 강하게 준 모양이었다.

그녀가 속상한 이유는 본인이 원하는 것을 얻지 못해서가 아니었다. 상사와의 면담이 자주 있는 기회도 아니고, 질문을 하니 솔직한 대답을 했을 뿐인데, 마치 자신이 '이사' 직급처럼 눈에 보이는 작은 것에 욕심을 내는 사람 취급을 받았다는 사실에 상처 입은 것이었다. 20년 가까이 근무하며 보여준 한 '인간'으로서의 성숙함과 순수한 헌신이 부정당한 느낌을 받았다. 충분히 공감이 되었다.

리더가 롤모델이 되어주기를 바라는 피드백 자체는 나쁘지 않다. 하지만 전달방식에도 그녀의 기여와 전문성을 인정하는 선한 의도가 담겨 있어야 했다. 회사는 '피드백 주기'를 통해 직원의 성장을 돕기 위한 다양한 매니저 교육을 한다. 물론 잘해내는 사람도 있고 그렇지 못한 사람도 많다.

그런데 피드백을 받는 직원도 기억해야 할 것이 있다. 아무도 사람됨의 가치를 평가할 수는 없다는 사실이다. 상사의 평가에 지나치게 많은 의미를 부여할 필요는 없다. 너무 억울해하지도 말자. 상사는 자신의 경험과 지식을 바탕으로 개인적인 의견을 얘기할 뿐이다. 가스라이팅을 하는 상사도 있다. 규정을 어기고 팀원의 한글직급을 멋대로 조정한 한 부서장에 대해 인사부로서 의견을 전달하니, 상사는 마치 내가 그 부서장과 인간관계에 문제가 있는 것처럼 피드백을 준 일도 있었다. 상황이 이러하니 자존감에 상처 입을 필요까진 없는 것이다.

좋은 사람으로의 성장을 포기하라는 뜻이 아니다. 또한 신뢰하는 관계에서 애정을 담아 전하는 피드백에 귀를 닫으라는 의미도 아니다. 다만, 나의 사람됨이 함부로 폄하되었다는 생각이 들거나, 상대방이 나를 이해하기까지 시간이 필요하다면, 그냥 '너나 잘하세요'라고 생각해보자. 상대가 피드백을 할 때 단지 상사라는 이유가 아니라 나에 대한 선의를 가진 사람인지, 서로에 대한 충분한 신뢰가 있는지 따져봐야 한다.

매년 성과평가가 끝나고 나면 낙담하며 힘들어하는 직원을 종종 보게 된다. 힘든 상황에서도 최선을 다해 결과를 만들었는데, 기대보다 낮은 평가등급을 받으면 상사에 대한 배신감과 자기역량에 대한 의문으로 힘들어한다. 일만 열심히 하면 될 줄 알았는데 조직정치까지 해야 하는지 고민할 수밖에 없다.

평가에는 매니저의 개인적인 판단과 조직 다이내믹이

함께 작용한다. 돌아보니 나 역시 그랬다. 인사담당자인 나조차 직원의 성과만으로 평가등급을 결정하지 못했었다. 이직위험이 큰 직원에게 상대적으로 높은 등급을 부여한 경험도 있다. 어떤 개인에게는 부당할 수 있지만 팀과 조직 관리를 위한 선택을 해야 하는 순간이 있기 마련이다.

성과평가는 '사람'이 아닌 그냥 '성과'에 대한 평가일 뿐이다. 다음에 잘 받으면 된다. 기대와 다른 결과를 성숙하게 받아들이는 모습이 장기적으로는 스스로의 성장과 조직에서의 성공에 오히려 도움이 될 수도 있다.

긍정적인 피드백을 받아들이는 자세도 마찬가지다. 너무 수선 떨 것 없다. 언젠가 배우 황정민의 수상소감이 화제가 된 적이 있다. 스태프들이 다 차려놓은 밥상에 숟가락 하나 얹었을 뿐이라는. 많은 사람이 입을 모아 그의 사람됨과 겸손함을 칭찬했다. 마음을 울리는 수상소감이긴 했으나 이런 표현을 아무 때나 써서는 절대 안 된다. 글로벌 회사에서 성공적인 업무수행을 해낸 후 칭찬을 하는 외국인 상사에게 이런 표현을 썼다간 본인의 브랜드를 각인시킬 기회가 날아간다. 개인차가 있지만 일반적으로 인도 사람들은 한국 사람들에 비해 이런 기회 포착에 강하다. 조직정치가 아니라 자신에 대한 브랜딩이다. 인정을 받았다면 자만하지 말되, 담담히 받아들이고 감사를 표현하고 자신의 기여를 당당하게 공유하는 게 좋다.

"제가 항상 좀 말이 길어요. 시간 안에 다 설명을 할 수 있을지 모르겠네요."

이처럼 다른 사람들에게 피드백 받아온 본인의 부정적인 면을 먼저 말하는 것도 추천하지 않는다. 타인에게 공격받기 전에 본인이 그 사실을 인지하고 있음을 알리면 방어하는 방법은 될 수 있다. 하지만 자신의 브랜딩에는 별로 도움이 되지 않는다. 어차피 단점이 없는 사람은 없다. 개선할 부분이라면 그냥 고치면 된다.

철학자 강신주 씨가 한 TV 프로그램에서 "어른이 된다는 것은 타인의 평가로부터 자유로워지는 것이다."라는 말을 한 적이 있다. 쉽지 않은 일이지만 공감이 가는 말이다.

《너는 나에게 상처를 줄 수 없다》(배르벨 바르데츠키, 걷는나무, 2013) 저자가 주장한 것처럼 다른 사람들의 칭찬과 인정에서 나의 가치를 찾으려 하지 않았으면 한다. 타인의 인정과 상관없이 나는 충분히 괜찮은 사람이라는 사실을 언제나 단단히 부여잡고 있기를 바란다.

02
'미움받을 용기'가 주는 교훈

의논할 것이 있다며 부서 직원이 찾아왔다. 한 사업부가 지방에서 워크숍을 계획하고 있는데 인사 관련 프로그램을 포함하고 싶다며 담당파트너인 본인에게 참석을 요청했다는 것이었다. 제한된 시간에 어떤 내용을 준비하면 좋을지 아이디어가 떠오르지 않는다는 얘기, 그리고 여러 가지 중요한 업무들이 쌓여 있어 몹시 바쁘다는 얘기를 한참동안 했다. 듣다못해 물었다.

"하고 싶은 질문이 무언가요?"

"그 사업부 리더의 기분을 상하게 하지 않으면서 워크

숍 참석을 거절하는 방법이요."

사실 그녀는 프로그램 준비가 부담스럽고 업무일정도
바빠 참석하고 싶지 않았다. 반드시 참석해야 하는 것도 아
니고, 아직 준비 단계이니 거절하면 그만이었다. 그런데 싫
은 소리 하기가 어려워 나를 찾아온 것이었다. 그녀는 늘
이런 식이었다. 전에는 비슷한 이슈를 들고 오면 결정을 도
와주었다. "부서장님이 승인하지 않아서요."라고 핑계 댈
수 있도록 악역을 자처하며 아예 대신 결정사항을 지시하
기도 했다.

처음에는 배려심 많고 갈등을 원하지 않는 부드러운 성
향을 가진 사람이라고 생각했다. 하지만 마음속으로는 이
미 결정을 했는데 상대방에게 싫은 얘기를 하는 게 불편해
서 질질 끄는 것은 타인에 대한 배려가 아니다. 'No'라는
말을 다른 사람에게 떠넘기는 것도 비겁하다. 착한 마음이
아니라 타인에게 어떤 비난도 받지 않고 사랑받고 싶은 본
인의 감정에 충실한 이기적인 행동으로 보였다.

그녀가 1년간의 육아휴직을 신청했다. 혼자서 일을 할

때는 비교적 업무성과가 좋은 직원이었지만, 팀장이 되니 아랫사람 관리로 심한 스트레스를 겪고 있었다. 보다 독립적인 의사결정을 바라며 구체적인 지시를 주지 않는 나의 변화도 힘들어했다. 아이도 중요하지만, 의기소침해진 그녀 자신을 돌보기 위해서라도 육아휴직이 필요해 보였다.

충분히 쉬면서 아이와 시간을 보내고 오라는 말과 함께 복직할 건지 물으니 모르겠다는 답을 했다. 지친 상태이니 당장 결정하기 어려울 수 있었다. 몇 달이 지난 후 그녀와 친한 직원들에게서 그녀가 복직하지 않을 거라는 얘기가 들려왔다. 국내 대기업과 달리 인력규모를 타이트하게 관리하는 외국계 기업은 한 사람의 빈자리가 크다. 그녀가 복귀하기를 바라지만 그렇지 않다면 빨리 의사결정을 해줘야 인력을 보강해서 부서원들의 부담을 덜 수 있다. 그녀를 만나 의사를 물으며 다시 돌아와 줄 것을 부탁했다.

"기다리는 사람이 많아요. 그동안 쌓아온 좋은 평판과 경력을 이어가는 게 어때요?"

"잘 모르겠습니다. 돌아가지 않을 것 같아요."

긴 시간을 설득했지만 같은 대답이 반복되었다. 이미 마음의 결정을 한 것 같아 부서사정을 얘기했다.

"친한 직원들을 통해 복귀하지 않을 거라는 얘기를 들었어요. 만약 그게 사실이라면 육아휴직 후 퇴사하겠다는 의사를 명확히 해주면 인력충원에 도움이 되겠어요."

"그럼, 전무님도 그만두라고 말씀하셨으니 복직하지 않을게요."

마침내 명확한 퇴사의사를 밝혔다. 그녀의 말에 따르면 내가 그만두라고 얘기했기 때문이다.

그녀는 육아휴직 기간이 완료된 시점에 퇴사했고, 그로부터 얼마 후 혼자서 부서업무를 하는 규모가 작은 회사로 이직했다. 본인을 위한 옳은 선택을 했고 존중한다. 다른 누구도 아닌 본인이 스스로 한 결정이다.

싫은 소리를 하는 것도 듣는 것도 극도로 피하는 사람들이 조직에 있다. 이런 직원들에게는 상사가 피드백을 주기도 쉽지 않다. 그런데 사회생활 하면서 어떻게 좋은 얘기만 하고 살겠는가? 이런 사람이 승진해서 조직을 책임지기란 더더욱 힘들다.

의도치는 않았지만 욕먹을 일을 했다면 그냥 욕을 먹자. 상대방이 선호하지 않는 결정을 해야 한다면 솔직하게 전달하고 미안함을 표현하는 것이 책임이고 용기이다. 오히려 실수를 인정하거나 상대방의 기대와 다른 선택을 한 상황을 잘 설명하면 사람들은 비난을 멈추고 이해하기 시작한다.

알프레드 아들러Alfred Adler의 심리학에 기반한《미움받을 용기》(기시미 이치로/고가 후미타케, 인플루엔셜, 2013)라는 책이 한창 유행할 때 온통 자신에게 하는 말 같다고 얘기하던 그녀가 떠오른다. 조직생활을 하면서 '미움받을 용기'는 서로를 위해 필요하다.

03
손들기 주저하는 여성 후배들에게

여성직원의 경력개발 지원을 위한 사내 모임에서 초청한 외부강사 토크콘서트에 참가했었다. 연사로 초청된 여성은 글로벌 선두의 헤드헌팅 회사 대표였다. 키가 크고 카리스마가 느껴지는 멋진 외모였는데, 당당하지만 따뜻함이 배어 있는 말투는 더 인상적이었다.

육아와 일을 병행하며 어려움을 딛고 성공한 이야기에, 참가한 여성 직원들은 감동하며 자신들도 경력개발을 위한 열정에 마음이 뜨거워지는 것 같았다.

기억에 유독 남는 에피소드가 있다. 대표로 선임되기 전

싱가포르 지사에서 몇 년간 근무했는데, 발령받기 전에도 본인은 대표이사 후보였다고 한다. 상사는 다른 남성 후보자와 그녀를 인터뷰한 후 최종 남성 후보를 대표이사로 선임했고 본인은 싱가포르 지사로 발령을 냈다. 아쉬운 마음도 있었지만 그럴 만한 이유가 있겠거니 생각했다. 지사근무를 마친 후 한국으로 복귀하면서 마침내 대표로 선임되었는데 이 결정을 한 사람은 지난번과 동일한 상사였다. 궁금한 그녀가 물었다.

"지난번에 왜 나를 대표이사로 선임하지 않았어요?"

"당신은 대표이사가 되고 싶다고 말하지 않았거든요. 그는 대표이사가 꼭 되고 싶다고 했어요."

그 순간 그녀는 머리를 한 대 맞은 것 같았다고 했다. 조금만 더 용기 있고 솔직했다면 이미 몇 년 전에 가질 수도 있는 기회였던 것이다.

조직에서 이런 여성 직원들을 종종 만나게 된다. 좋은 기회가 있지만 '내가 자격이 있을까', '잘해낼 수 있을까' 하는 생각에 주저한다. 그 역할을 잘 하기 위해서 필요한 조건을 나열해본 후 체크박스가 아직 많이 비어 있다고 생각하면서 적극적으로 나서지 않는 경향이 있다.

개인마다 차이는 있지만 남성직원들은 좀 더 긍정적인 반응을 보인다. 부족한 부분은 하면서 배우면 된다고 자신을 다잡는다. 혹시 거절당해도 능력이 부족해서가 아니라 시기적으로 지금이 아닐 뿐이라고 생각한다. 백번 옳은 접근으로 보인다. 어차피 새로운 도전에는 위험부담이 있기 마련이니까.

나는 교육과 조직개발, 말하자면 HRDHuman Resoures Development 분야에서 인사업무를 시작해 매니저가 되었다. 인사헤드가 되기 위해서는 보상, 노조관리 등보다 다양한 경험이 필요한데, 대체로 몇백 명 정도 규모인 국내 글로벌 회사는 인사담당자 숫자가 많지 않아 직무순환 기회가 쉽게 오지 않았다.

한 제약회사에서 근무할 때였다. 보상, 노무 파트를 담당하던 동료 매니저가 갑자기 다른 회사로 이직하게 되었고 인사부 리더인 상사는 외부에서 남성 후임자를 찾고자 했다. 노조는 하루가 다르게 강성으로 치닫고 있었고, 나는 이에 대한 경험이 없었기 때문에 외부채용이 당연하다고 생각했다.

업계 선배와 만나 식사하다 우연히 이 상황을 공유했다.

"네가 하겠다고 해. 왜 못해? 이번에 기회를 안 주면 다른 회사에서 기회를 찾겠다는 정도로 강력하게 의지표현을 해봐. 적어도 평가받을 기회는 주겠지."

선배의 조언을 막상 듣고 보니 도전해보고 싶다는 솔직한 마음의 소리가 들렸다. 조직의 입장에서 합리적으로 생각한다는 그럴듯한 이유 뒤에 실패와 거절이 두려워 숨어 있는 내가 보였다.

당장 인사헤드를 찾아가 기회를 달라고 요청하며 결심을 전달했다. 내 자리에 후임자가 올 때까지 두 가지 역할 모두에 충실하겠다는 열정도 보여주었다. 상사는 고민했다. 노무경험이 없는 사람에게 노조협상 업무를 맡기는 것과 동시에 내 자리도 새로운 매니저로 교체되는 상황은 부서의 리스크였다. 다행히 상사는 이전까지의 업무성과와 평판을 인정했다. 매주 일요일 오전이면 카페에서 책과 인터넷으로 노동법을 공부하며 쌓은 지식도 도움이 되었다.

결국 HRMHuman Resoures Management 매니저로 이동했고, 이 경력은 인사리더로의 성장에 귀중한 바탕이 되었다.

많은 우여곡절을 겪었음을 말할 것도 없다. 무슨 부귀영화를 누리겠다고 굳이 새로운 역할을 맡아서 이런 고생을 사서 하나 싶었다. 내가 이렇게까지 역량이 부족한 사람이었나 자괴감이 드는 순간도 종종 있었으니 말이다. 다 지나갔다. 아무튼 살아남아 지금도 글로벌 기업의 인사헤드 역할을 하고 있다. 특별할 것 하나 없는 내가 살아남았듯 당신도 그저 손들고 해보면 그만이다.

한 여성 마케팅 매니저가 내게 면담을 신청하더니 묻는다.

"제가 왜 승진이 안 되나요? 뭐가 부족한 걸까요?"

대부분의 글로벌 기업에서는 국내 기업처럼 정기승진이 아니라 직무가치의 변동이 있는 경우에만 승진을 하는 것이 원칙이다. 그런데 당장의 승진만이 커리어 확장의 기회는 아니다. 타부서나 다른 직무로의 순환도 장기적인 성장에 도움이 되고, 인터내셔널 직무로의 이동도 더 큰 역할을 할 수 있는 좋은 기회다.

다만, 그러기 위해서는 의사결정에 영향을 미칠 수 있는 사람들에게 자신의 커리어 목표, 지역이동의 유연성Mobil-ity, 타 직무에 대한 오픈 마인드 등에 대한 자신의 의지를 자연스럽게 알릴 기회를 만드는 것이 필요하다. 예견된 조직변동이나 앞으로의 직무 기회에 대한 정보를 그들이 훨씬 많이 가지고 있기 때문이다.

열심히 일만 하면서 누군가가 자신을 알아봐주기를 기다리는 것은 별로 효과가 없다.

04
당신을 한마디로 표현한다면?

과거 이베이eBay에 근무할 때 '다이아나 차트Diana's Chart'라는 것이 있었다. 직원의 입사부터 퇴사까지 과정에서 매니저가 어떤 역할을 해야 하는지, 각 역할과 관련된 회사의 교육과정은 어떤 것들이 있는지 보여주는 차트로 전 세계 인사부가 공통적으로 사용하는 자료였다. 이 차트의 이름은 내 영어이름 Diana를 딴 것이다.

처음에 글로벌에서 전달된 내용이 길고 복잡하다는 생각이 들어 전체 구성이 쉽게 이해되도록 한 장의 그림으로 정리한 후 글로벌 교육담당자에게 공유했다. 그랬더니 글

인사의 다섯 가지 시선

로벌 담당자가 '다이아나 차트'라는 이름을 붙여 다른 나라 인사부에도 배부한 것이다. 덕분에 내 이름이 많은 인사담당자들에게 알려지게 되었다. 주어진 업무를 기존과 다른 새로운 방식으로 개선하려는 작은 노력을 동료들에게 인정받은 것이다. 이렇게 만들어진 긍정적인 인상은 이후에도 한동안 동료들의 기억에 남아 나의 평판으로 쌓였다.

상품만이 아니라 사람에게도 브랜딩이 필요하다는 사실을 종종 깨닫게 된다. 조직생활에서는 때때로 '당신이 어떤 사람인가'보다 '어떤 사람으로 알려져 있는가'가 조직으로부터의 인정과 경력성장에 영향을 미칠 때가 있다.

글로벌 본사에 근무하며 한국에 가끔씩 방문하던 한 외국인 리더에게 물었다. 그는 고작해야 일 년에 두세 번 한국직원들을 만나고 언어의 장벽도 있는데, 핵심인재가 누구인지, 그들이 어떤 특성을 가지고 있는지 속속들이 파악하고 있었다. 사람을 통찰하는 능력이 놀라웠고 비결이 궁금했다. 물론 그는 다른 리더들처럼 해당 직원의 상사로부터 피드백을 듣기도 하고, 직접 일대일 미팅을 하면서 파악하기도 했다. 그런데 무엇보다 "다른 사람들이 그 직원을 어떻게 대하는지 보면서" 가장 많은 정보를 얻는다는 것이었다. "평판은 사실이야Reputation is Reality"라는 말도 덧붙였다.

평판은 타인이 대신해서 써주는 나의 이력서 같은 것이다. 조직이 나를 바라보는 시각이고 평가가 되기도 한다. 자신도 모르게 어느새 만들어진 평판에 대해 "당신들은 내 진심을 몰라", "나는 그런 사람이 아니야"라고 해봐야 별로 효과가 없다. 당신이 그렇듯 다른 사람들은 나의 의도가 아니라 내가 한 말이나 행동으로 나를 판단하기 때문이다.

그러니 내 업무를 열심히 수행하듯, 역량을 개발하듯, 관심을 가지고 자신을 브랜딩 해야 한다. 간혹 실력이나 성과 없이 브랜딩만 잘하는 사람들, 유난히 조직정치에 능한 사람들이 승승장구하는 모습을 보며 가졌던 반감 때문인지 자기 브랜딩 자체에 심리적 거부감을 느끼는 경우도 있어 보인다. 부풀려진 거짓 이미지나 내가 아닌 나의 모습을 전달하라는 의미가 아니다. 그리고 무조건 좋은 평판을 만들기 위해 노력하라는 의미도 아니다. 긍정적이고 좋은 평판을 쌓아가되 나의 어떤 면을 부각시키고, 어떤 사람으로 알려지게 할 것인지 선택해서 의식적으로 노력하는 것이 바로 브랜딩이다. 그 과정에서 실제로 스스로 지향하는 모습으로 성장해가게 된다.

"본인은 어떤 리더십 스타일을 가지고 있나요?"

"저의 리더십 스타일은 ABC 리더십입니다."

면접장면에서나 직원들의 질문에 답하는 나의 리더십 브랜드다. ABC는 '선한 의도와 진정성을 가지고 사람을 대하고Authentic, 옳은 일에 목소리를 내고 행동할 수 있는 용기가 있으며Brave, 일희일비하지 않는 침착함Calm'을 의미한다. 현재 이런 완벽한 리더십을 구사하고 있다는 의미일까? 그럴 리가.

그럼에도 불구하고 나의 강점과 특성, 상사나 타인들로부터 받은 피드백을 돌아보며 선택한 리더십의 방향이다. 매일 노력하고 있을 뿐이다. 하지만 내가 노력하며 이런 행동을 보일 때마다 사람들은 ABC 리더십을 기억해줄 것이다. 스스로에게는 성장을 위한 다짐과 약속인 셈이다.

면접에서 후보자에게 가끔 질문한다.

"함께 일하는 동료에게 본인이 어떤 사람이냐고 물으면 뭐라고 말할까요?"

이건 본인의 장점을 묻는 질문과는 다르다. 본인이 조직에서 어떤 사람으로 알려져 있는지를 묻는 질문이다. 스스로 생각하는 본인의 모습과 타인이 말하는 모습이 일치한다면 브랜딩에 성공하고 있다는 의미다. 그렇지 않다면 브랜딩에 실패하고 있거나 자기인식self-awareness이 약하다는 의미다.

당신은 회사에서 어떤 사람으로 알려져 있는가? 평판을 쌓기 위해서 어떤 노력을 하고 있는가? 당신이 어떤 사람이냐고 물으면 그들은 당신에 대해서 뭐라고 말할까?

모두 자신의 브랜드 문제다.

05
당신의 기준은 어디에 있는가?

회사동료와 골프를 치고 저녁을 함께 먹게 되었다. 본인이 밥값을 내겠다고 나선 한 동료가 계산을 하면서 말한다.

"회사 매니저들 간 네트워킹이니 법인카드로 지불할게요. 우리 상사는 잘 보지도 않고 승인하더라구요."

짧은 순간 여러 가지 생각이 동시에 스쳐 지나갔다. '본인이 개인적으로 사겠다는 거 아니었어?', '회사 공식적인 행사도 아닌데 법인카드 쓰면 안 되는 거 아냐?', '뭐, 회사 매니저들 간 단합의 의미이기는 하지', '다 가만히 있는데 혼자 튀기 싫은데' 그러는 사이에 계산은 끝났다.

그 상사는 왜 잘 보지도 않고 비용승인을 할까? 직원들이 스스로 규정을 잘 지켜줄 거라는 신뢰였을까? 본인도 그쯤은 괜찮다고 생각하나? 회사의 비용관리가 너무 느슨한 건 아닐까?

사실 동료의 코멘트가 바로 저녁식사비 지불에 법인카드 사용이 적절하지 않음을 스스로 인지하고 있다는 증거였다. 합리화의 이유를 굳이 모두에게 말하고 있는 것이었다. 함께 먹었고 법인카드 지불을 묵인했으니 나도 공범인 셈이다. 작은 액수의 돈이라는 이유로 불편한 마음을 모른 척해버린 것이다. 예상대로 회사에서 문제가 되거나 하지는 않았지만, 내 마음속에는 적당히 타협한 부끄러운 기억으로 남아 있다.

내게 인사업무를 하는 자부심을 심어준 리더가 있다. 한번은 송년파티를 함께 기획한 외부 에이전시가 직원선물로 호텔숙박권을 협찬한 일이 있었다. 나중에 이 사실을 알게 된 그 리더는 협찬 받은 호텔숙박권을 돌려주고, 당첨된 직원에게는 회사비용으로 동일 상품을 지급하라는 결정을 했다. 어차피 에이전시 선정도 끝난 마당에 감사의 의미로 협찬한 것인데 그렇게까지 할 필요가 있나 싶었다.

그런데 회사가 매년 송년파티를 진행하니 다음 번 에이전시 선정에서 공정한 평가를 하려면 협찬을 받지 않는 게 좋겠다는 이유를 전해 들었다. 공감이 되었고 덕분에 나의 윤리기준과 실천의 중요성을 다시 한 번 돌아보는 계기가 되었다. 그는 가끔 지인에게 받은 이력서를 인사부로 보내왔다. 그럴 때마다 강조해서 말했다. 사장인 본인이 추천했다고 혜택을 주거나 반드시 선발할 필요 전혀 없다고, 똑같이 공정하게 평가해야 한다고 말이다. 리더가 높은 윤리기준을 가지고 있으니 직원들도 그 기준을 따르는 것은 당연했다.

한 대통령 후보 배우자의 법인카드 사용이 사회적 이슈가 되었다. 커피전문점에서 법인카드로 친구에게 커피를 사며 그래도 되냐는 친구의 물음에 괜찮다고 답하는 어느 대기업 젊은 직원의 대화를 우연히 들었다. 작은 돈이라고 기준이 달라지는 것은 아니다. 커피 한 잔도 안 된다. 돈의 문제가 아니지 않은가. 그리고 어디에나 눈은 있다.

진정한 기준은 회사의 규정이 아니라 내 마음이 도덕적 수치심을 느끼는 수준이다. 모두가 실수를 한다. 나도 그렇고 당신도 그렇다. 그러니 정신 바짝 차리고 살아야 한다. 스스로의 도덕적 기준이 내 선택의 등대와 같은 역할을 할 수 있도록.

공정을 외치는 젊은 세대에게 스스로 당당할 수 있는 기준을 지켜가라고 부탁하고 싶다. 그래야 당신들 덕분에 조직이, 사회가 좀 더 건강해질 수 있다. 타인에게만 공정을 요구해서는 힘이 없다.

언젠가 〈유퀴즈〉에 출연한 프랑스인 두봉 주교님의 "난 떳떳하게 살았어요"라는 말이 주는 울림이 크다.

06
실수에 대처하는 우리의 자세

　업계에서 오래 알고 지낸 타 회사 인사총괄 임원이 전화
를 해왔다. 과거에 나와 함께 일했던 부서직원에 대한 평판
조회reference check를 위해서다. 모든 면접이 끝났고 최종
결정을 위한 단계인데, 우리 회사 출신 동료를 통해 그 직
원이 큰 잘못을 해서 회사를 떠났다는 소문을 들은 것이었
다. 퇴사이유는 아니지만 잘못을 한 것은 사실이었다. 그런
데 나는 그 직원에 대한 긍정적인 피드백을 주었고, 나에게
연락했던 인사총괄 임원은 그를 채용했다.

　그 직원의 잘못은 새로운 계약조건이 반영되지 않은 과

거의 엑셀 툴을 사용해서 외부업체에 인건비 수수료를 몇 달 동안 더 많이 지급했던 것이다. 본인의 실수를 발견하고 나에게 보고한 것은 몇주 후였다. 업무상의 실수도 문제였지만, 즉시 보고를 하지 않은 것은 더 실망스러웠다. 이유를 물었다.

처음에 상황을 파악했을 때는 걱정도 되었고 어처구니없는 실수를 한 자신을 용납하기 힘들었다고 말했다. 회계부서의 도움을 받아 어떻게든 해결하려는 시도를 했다고 한다. 그러면서 시간이 흐르자 오히려 더 보고하기 어려웠다면서, 그동안 파악한 상황을 자세히 공유했다.

그는 실수와 보고지연을 한 본인의 행동을 진심으로 부끄러워하며 모든 잘못을 스스로 인정했다. 금전적 배상이나 징계를 포함해서 회사가 어떤 결정을 내리든 책임지겠다는 태도를 보였다. 솔직하게 잘못을 인정하고 반성하니 비난할 마음은 들지 않았다. 평소 높은 업무완성도 기준을 가지고 있는 직원이 자존심 때문에 선뜻 보고하지 못했던 이유도 어느 정도 이해가 되었다.

책임감 있는 자세로 실수를 처리하려고 하니 이 일로 직원이 다치지 않도록 도와주고 싶었다. 도망가지 않고 문제를 직면한 단단한 마음은 결국 그를 성장시킬 것임을 믿는다. 다행히 일은 잘 해결이 되었고, 어려운 상황을 회피하지 않고 현명하게 처리한 그 직원을 더 신뢰하게 되었다.

실수는 누구나 한다. 그런데 실수에 대처하는 자세는 사람마다 다르다. "잘못하지 않았다는 것이 아니라"로 시작하지만 들어보면 자신이 아닌 상황과 타인에게서 이유를 찾으려는 경우도 흔하다. 앞으로 잘해보자는 말로 그냥 사과를 생략하기도 한다. 끝까지 본인의 잘못을 숨기려는 직원을 만난 적도 있다.

잘못을 했으면 솔직하게 사과하고 고치면 된다. 책임감 있는 자세로 상황에 직면하면 상사는 그 실수를 잊는다. 상사가 문제인 경우도 마찬가지다. 우리는 실수를 하지 않는 상사를 기대하는 것이 아니라, 정직하게 인정하고 사과하는 상사를 믿는다.

07
굳이 비주류로
다닐 필요는 없다

남성중심 산업군에 있는 조직에서 40대에 임원이 되어 승승장구하다 코치로 활동하고 있는 여성선배를 만날 기회가 있었다. 이제 조직에서 어느 정도 위치에 올라 있고 인생을 길게 보면 직장생활이 중요한 것도 아닌데, 너무 목매고 싶지 않다는 말을 건넸다. 나는 죽었다 깨어나도 조직정치 잘하는 그런 인간들처럼 못 하겠고 하기도 싫다며. 가만히 듣고 있던 선배가 대수롭지 않은 듯 말했다.

"그러고 있으면 같잖은 것들이 위로 가서 이래라저래라 할걸? 니 성격에 인정할 수 없는 상사가 지시하는 거 괜찮을까? 역량이 있다면 직장생활을 하는 동안 굳이 비주류로 살 필요는 없지."

이 말에 갑자기 정신이 확 들었다. 고상한 척 조직정치 따위 관심 없고 승진도 중요하지 않다고 말했지만, 선배의 표현대로 사람의 깊이도 실력도 없는 상사가 가르치려 들면서 지시하는 건 싫다. 생각해보니 상사가 상사라는 이유만으로 존중한 적은 없는 것 같다. 회사에서 피곤하고 싶지 않아서, 그게 편하니까 위계질서는 존중하지만 마음속으로부터의 존경은 전혀 다른 문제다.

사장과 사이가 별로 좋지 않은 친구가 있다. 내 친구여서가 아니라 그는 사장보다 훨씬 더 뛰어난 실력을 가지고 있고 직원들도 따른다. 옆에서 보며 천재가 아닐까 싶은 순간도 있다. 그동안 쌓아온 업적 때문에 본사에도 마켓에도 알려져 있다. 사장이니 따라 주지만 마음으로는 존경하지 않는다. 때로는 사장의 머릿속이 훤히 들여다보여 그의 얕은 행동이 실망스럽기까지 하다. 그야말로 같잖은 것이 위로 가서 이래라저래라 하는 상황이다.

그렇다면 사장의 입장에서는 어떨까? 이 감정은 상대방에게 고스란히 전달된다. 그러니 사장도 이 친구에게 잘해줘야 할 이유가 별로 없다. 필요하니 곁에 두지만 기회가 된다면 내보내고 싶을지도 모르겠다. 그런데 그 사장이 적어도 한 가지는 친구보다 뛰어났던 것 같다. 바로 사장이라는 자리에 간절함. 그만큼 공을 들여 지속적으로 노력했다. 단지 운이 좋아서만은 아니다.

한 후배의 커리어 고민을 들을 기회가 있었다. 시니어 매니저인 그녀는 영업성과와 노하우가 뛰어나고 조직관리도 잘한다. 여러 후배들이 닮고 싶어 하는 선배여서 멘토링에 대한 요청도 많다. 이제 임원승진을 목전에 두고 있는데 생각이 많아 보인다. 말로는 임원이 되고 싶다고 하는데 어쩐지 간절해 보이지 않는다. 나이가 많아지니 체력에 자신이 없다며 규모가 작은 회사의 리더 자리로 옮기는 것도 생각해본 것 같다. 직장생활을 언제까지 할 수 있을까 하는 생각이 든다며 최근 관심을 두는 개인적인 취미를 공유하기도 한다.

조직에서 임원으로 승진하는 것은 이전까지의 승진과는 차원이 다르게 어렵다. 자리가 많지 않고 업무성과 외에도 다양한 면을 평가하며 기준도 높다. 그래서일까? 여러 가지 이유를 말하고 있었지만 그냥 내 눈에는 그녀가 자신 없어 보였다. 기회가 된다면 당연히 좋지만 지금까지의 성공과는 다르게 본인이 원한다고 쉽게 될 것 같지는 않은가 보다. 너무 공공연히 하고 싶다고 나섰다가 실패할까 두려운 것이다. 많이 기대하고 간절하면 더 실망할 것 같아 본인의 노력을 적절히 조절하고 있다. 만약에 끝내 임원이 되지 못할 것 같으면 지금까지 좋은 업적으로 쌓아왔던 자존심이 무너지기 전에 다른 선택을 하고 싶다.

직급이나 경력에 상관없이 커리어에 대한 고민은 누구에게나 있다. 조직에서 모두가 언젠가는 더 이상 올라갈 수 없는 한계에 다다른다. 그때가 되면 건강하게 받아들여야 한다. 그런데 그때까지는 미래의 더 좋은 기회를 위해서 두려워하지 않았으면 한다.

지나치게 욕심 부리지 않고 자신의 자리에서 성실하게

역할을 해주는 시니어 매니저는 회사에서 고마운 존재이다. 하지만 조직의 입장에서 고민이 없지는 않다. 경력개발을 위해 빠르게 성장하고 있는 아래 직원들에게 언젠가는 커리어 블로커blocker가 된다.

그러니 실패해도 당당할 노력을 기울여야 한다. 직장이 인생의 전부가 아니어도 다니는 동안 굳이 비주류로 다녀야 할 필요가 어디 있을까? 승진하지 않아도 괜찮다고 말하지는 말자. 승진이나 겉으로 보이는 성공만을 위해서 비겁해지고 비굴할 필요까지는 없지만 말이다.

"평판은 사실이야"
Reputation is Reality

chapter 2

성장

08
회사는 어떤 사람을
인재로 보는가?

한 후배가 면접이 성과를 보는 자리인지, 태도를 보는 자리인지 물었다. 하나만 선택한다면 어느 것이 더 중요한지 묻는 질문이었다. 둘 다라고 대답했는데, 사실 나는 후보자의 학습민첩성Learning Agility에 가장 관심을 가진다.

젊은 인재들이 선호하는 글로벌 기업에서 근무하는 덕분인지 신입직원 후보들의 스펙은 화려하다. 학벌이나 디지털 역량이 높고 영어성적도 뛰어나다. 그런데 면접관의 관심을 끄는 스펙은 학벌과 같은 배경이나 영어실력이 아니다. 글로벌 기업이라도 신입직원이 막상 회사에 들어와 보면 영어를 사용할 일은 그다지 많지 않다. 좋은 스펙은 단지 면접 기회를 얻는 데 유리하게 작용한다. 그것으로 소임을 다했다고 보면 된다.

면접에서 나는 후보자 본인의 진짜 스토리를 찾아내기 위해 노력한다. 준비된 모범답안은 능력이나 특징을 드러내지 못한다. 후보자가 삶에서 부딪힌 문제는 무엇이고 그것을 어떻게 해결했는지, 그리고 그 과정에서 무엇을 배웠는지가 훨씬 궁금하다.

조직 환경이 끊임없이 변하면서 새로운 도전과제들이 주어지기 때문에 아무리 많은 준비가 되어 있더라도 적응하며 성장해야 한다. 학습민첩성이 중요한 이유다. 실제로 화려한 스펙을 갖추고 회사에 입사했지만 업무성과가 낮거나 조직생활에 적응하지 못하는 경우를 종종 본다. 스스로의 문제해결 능력이 없으면 일을 잘하기도, 살아남기도 어렵다. 그래서 점점 더 블라인드 면접의 선호도가 높아지고, 편견을 배제하기 위한 AI 스크리닝Screening이나 메타버스 면접 등이 빠르게 확산되고 있다.

비단 신입직원에게만 해당되는 얘기가 아니다. 조직에

오랫동안 근무한 경력직원의 경우도 다르지 않다. 직무와 직접적인 연관이 있는 외국어, 컴퓨터 등의 하드 스킬도 중요하지만 의사소통능력, 창의성, 성숙한 감정조절이나 협업능력 같은 소프트 스킬이 더 중요하다. 테슬라의 CEO인 일론 머스크Elon Musk는 이를 경험과 인간성이라는 말로 표현했다.

얼마 전 조직변동과 함께 영업매니저 포지션이 생기면서 사내공모와 평가를 통해 매니저 승진대상자를 선정했다. 그동안의 성과와 전문성도 중요했지만 보다 중요한 기준은 학습민첩성이었다. 다양한 사람들을 관리하고 협업하는 능력, 한 번도 해보지 않은 새로운 상황에서 결과를 만들어낼 가능성, 복잡한 과정을 단순하게 풀어내는 능력, 자기객관화self-awareness 등을 확인하고자 했다. 회사마다 리더십을 조금씩 다르게 정의하고 있지만, 그 속성은 비슷한 면이 많다.

조직생활을 하면서 바쁜 업무 중에도 경력개발과 성장을 위해 노력하고 있을 것이다. 그런데 자신이 집중하고 있는 영역이 회사에서 원하는 인재의 기준에 부합하는지 한 번 살펴볼 일이다. 기본 스펙을 어느 정도 갖췄다면 이제부터 소프트 스킬에 관심을 가지고 쌓아가는 노력이 필요하다.

09
면접 |
긴장하지 말고 나답게!

인사분야에서 가장 흔한 서적 중의 하나가 면접 관련 책이다. 옛날처럼 노동을 착취당할까 걱정하기보다 노동을 착취당하지 못할까 걱정하는 청년실업의 시대이니 이해는 간다. '면접'이라는 주제에 대한 수요가 그만큼 많은 것이다. 오랫동안 글로벌 기업에서 근무한 개인적인 경험으로는 그 내용에 딱히 공감이 가지는 않지만 말이다.

《구글의 아침은 자유가 시작된다》의 저자인 라즐로 복은 "적절한 인재를 채용하지 못하는 위험보다 적절하지 못한 인재를 조직에 채용하는 위험이 훨씬 높다"고 강조한다. 또한 인건비에서 교육비가 차지하는 비중이 지나치게 높은 것은 잘못된 채용의 증거라고도 했다. 채용의 중요성이 높은 만큼 취준생들이 절실한 마음으로 면접을 준비하는 것과 마찬가지로, 기업에서도 우수한 인재선발을 위한 정교한 평가를 설계하고 매니저들을 대상으로 면접관 교육을 한다.

그런데 많은 매니저들이 굳이 교육을 받지 않아도 시간이 지나면서 좋은 후보자를 가려내는 인사이트를 터득하기 마련이다. 말을 잘하는 사람이 꼭 일을 잘하는 것은 아니라는 뼈아픈 경험을 실제로 해봤기 때문에 면접에 진심일 수밖에 없다. 특히 자신만의 스토리가 아닌 연습을 통해 외우다시피 준비한 답변은 면접관을 감동시키지 못한다. 과장하거나 꾸미려고 하는 모습은 상대방에게 생각보다 잘 들킨다.

이전에 근무했던 한 회사에서 처음 면접제안이 왔을 때 거절했던 적이 있다. 업계 선두의 글로벌 기업이지만 B2BBusiness to Business여서 잘 알려져 있지 않다는 이유로

응하지 않았다. '감히 나를 뭘로 보고 그런 듣보잡 회사에서' 하는 자만심까지 발동해 기분이 상했다. 몇 달 지나 다시 연락이 왔을 때 그냥 만나보기나 하자는 심정으로 면접에 응했다.

대표이사, 아시아태평양 사장과 인사리더, 글로벌 본사의 인사리더 등 여러 명을 만났다. 꼭 합격하고 싶다는 절박함이 없어서였을까? 면접은 긴장되지 않았다. 그냥 있는 그대로의 경험과 생각을 솔직하게 보여주었다. 그게 오히려 자신감 있는 당당한 모습으로 비춰졌나 보다.

"입사를 하게 되면 인사리더로서 처음 3개월 동안 무엇을 할 생각입니까?"

"Nothing, 아무것도 하지 않겠습니다."

"하하하, 좋은 생각입니다! 입사 후 처음 3개월 동안이 이 회사에 근무하는 동안 가장 한가한 시간일 겁니다. 인사 업무는 접어두고 되도록 많은 현장 직원들과 고객을 만나 보세요."

면접과정에서 만난 좋은 리더들 덕분에 처음과는 달리 그 회사에 대한 관심이 커졌다. 그들은 내가 가진 최선의

인사의 다섯 가지 시선

모습을 보여줄 수 있도록 도와주었다. 면접 말미에는 커리어 조언을 구하는 내게 아낌없이 자신들의 경험을 공유해주기도 했다.

가끔 면접을 준비하는 대학생들을 만나 모의면접 코칭을 할 기회가 있다. 기업과 직무정보, 채용 프로세스나 면접준비를 위한 실무지식 등을 알려준다. 그리고 강의 마지막에 꼭 해주는 얘기가 있다.

"Bring the best-self! 나다운 나, 자신의 최선의 모습을 보여주면 돼요. 회사도 여러분을 고를 수 있지만, 여러분도 사장을 선택할 수 있다는 걸 잊지 마세요."

학생들의 얼굴에 자존감이 충전된다. 이것이 학생들을 코칭하는 이유다.

피플 매니저로서 내린 가장 어려웠던 의사결정이 무엇이냐는 질문에 한 후보자가 행동교정이 쉽지 않았던 팀원 앞에서 감정적으로 언성을 높인 일, 결국 다른 팀에 보내게 된 경험을 공유했다. 답변을 마친 후보자가 묻는다.

"면접에서 이런 실패의 경험을 얘기해도 되는 건가요?"

당연히 된다. 실패의 경험은 성공만큼 소중하다. 건강하게 어려움을 극복하는 과정에서 사람은 단단해지고 타인을 좀 더 이해하게 된다. 면접관의 관심사는 결과가 아니라 그 과정에서 무엇을 배웠는가이기 때문이다.

면접과정 중에 한 질문에 서투른 답변을 했던 후보자가 마지막 발언 기회에 같은 질문을 해왔다.

"개인적으로 너무 좋은 질문이라고 생각하는데, 면접관님은 어떻게 생각하는지 말씀해주실 수 있을까요? 제가 미처 생각해보지 못한 부분인데 면접관님의 의견을 통해 배우고 싶습니다."

모른다는 사실에 주눅 들지 않고 겸손하게 배우려는 태도에 후한 점수를 준 것으로 기억한다.

면접은 솔직하게 자신을 보여주는 과정이어야 한다. 그래야 입사 후에도 '나'답게 행동하면서 성과를 내고 만족감을 느낄 수 있다. 이력서를 가득 메운 멋진 스펙은 면접기회를 얻게 해준 것으로 할 일을 거의 다한 셈이다.

언젠가 아마추어 가수를 선발하는 오디션 프로그램에서

가수 박진영이 자주하는 심사평이 있었다.

"긴장하지 말고 즐기세요. 힘을 빼고 공기 반~ 소리 반 ~."

딱 내가 하고 싶은 말이다.

10
면접 Ⅱ
아직 면접은 끝나지 않았다

    면접이 끝나고 평가자들의 합의를 통해 최종 후보자가 결정되면, 다음 단계는 평판조회와 연봉협상이다. 현재 연봉, 동일직무 비슷한 연차의 내부직원 연봉범위, 해당직무 마켓 희소성 등을 고려해서 인사부에서 연봉을 제안한다. 증빙자료 요청에서 연봉제안까지는 몇 통의 이메일과 전화면 끝이 나는 길지 않은 과정이지만, 이 짧은 시간동안 회사는 후보자를 생각보다 많이 파악하게 된다. 때로는 면접 과정보다 더 많은 정보를 얻는 경우도 있다. 협상의 주도권을 쥐게 되었다는 사실을 인지하는 순간이나 자신의 이익이 개입되는 순간, 진짜 모습을 보여주기 마련이다.

후보자는 투명해야 한다. 현재 연봉을 높게 보이고 싶어 증빙서류를 제대로 제출하지 않거나 정확한 설명을 하지 않는 것은 도움이 안 된다. 어떤 임원후보는 현 회사에서 배당 받은 주식이 많다는 주장을 하면서 행사규정과 금액은 시스템상 자료공개가 어렵다는 이해하기 힘든 답변을 했다. 소득금액이 가장 높았던 증빙을 전달하기 위해 몇 년 전 소득증명을 제출하는 경우도 있다. 연봉체계가 회사마다 다르다는 이해 없이 복리후생이나 해마다 달라지는 보너스 금액을 연봉에 넣어달라는 주장을 펼치기도 한다. 연봉 수준이 문제가 아니다. 회사 직원이 될 사람의 정직성이나 인성을 생각해보게 된다.

명확하게 자신의 의사를 전달하되 후보자는 새로운 커리어 선택의 우선순위를 정해야 한다. 회사가 본인에게 관심이 있다는 것을 알게 되면, 말도 안 되게 높은 연봉을 요구하는 후보자가 있다. 이 경우 회사는 우리 회사와 새로운 커리어 기회에 대한 관심이 우선인지, 높은 연봉이 가장 중요한지를 검토해보게 된다. 후자라면 아쉽지만 협상 과정에서 입사제안을 거두기도 한다.

대부분의 회사에서는 내부 기준을 크게 벗어나지 않는다면 가급적 후보자의 기대수준을 맞춰주려고 한다. 어려운 평가를 거쳐 선정된 인재가 이왕이면 기쁜 마음으로 회사에 입사하기를 바라기 때문이다. 요구를 맞춰주면 밥값을 증명하려고 노력한다고 믿는다. 7,500만 원을 줄 수 있는데 군이 7,200만 원을 제안할 이유는 없다. 그러니 연봉협상은 '당신을 우리 회사에 모시고 싶습니다'는 의지를 잘 전달하는 과정인 셈이다.

이직을 할 때는 정당하게 자신의 몸값을 올려 이직하는 프로다운 태도도 필요하다. 그런데 이직하면서 모든 것이 완벽하게 좋아질 수는 없다. 본인이 중요하게 여기는 것 중에서 우선순위가 높은 것들을 선택하는 시간인 셈이다. 그게 연봉일 수도, 커리어 기회일 수도, 함께 일하는 사람이나 조직문화, 또는 워라밸이 보장되는 업무환경일 수도 있다.

신속하고 예의 바른 커뮤니케이션으로 자신의 브랜드를 만들기 시작하면 좋다. 제안을 받은 회사에 입사할 거라면, 지금부터 모든 행동은 본인의 평판으로 쌓인다는 것을 명심해야 한다. 서류를 얼마나 정확한 내용으로 빨리 보내주는지 보며 업무성과를 예측한다. 질문 내용으로 그 사람의 꼼꼼함이나 커뮤니케이션 스타일을 가늠한다. 앞으로 동료가 될 인사부 직원에게도 좋은 인상을 남기는 방식으로 커뮤니케이션 하는 게 좋다. 그 태도는 당연히 해당 상사에게 전달된다.

연봉협상을 하고 입사일을 정한 후 실제로 근무를 시작하기까지 진행되는 모든 대화의 과정이 사실은 회사도 후보자에게, 후보자도 회사에게 서로를 검증해야 하는 시간임을 기억할 필요가 있다. 면접은 아직 끝나지 않았다.

11
면접 Ⅲ
3C의 법칙

젊은 세대는 인간면접관보다 AI면접관을 신뢰한다는 내용의 최신 연구를 보았다. 편견 없이 공정한 평가를 받을 수 있다는 기대감에 선호하는 것이다. 실제로 AI면접을 도입하고 나아가 뇌과학을 접목한 직무적합성 검사나 메타버스 면접을 실시하는 회사들이 있다. 기업의 입장에서도 인재상에 맞는 일관된 기준을 적용하면서 후보자 선발에 투입되는 시간과 자원을 절약한다는 장점이 있다. 아직은 대규모 후보자를 일차적으로 걸러내는 스크리닝Screening 수준에서만 주로 이용되는데, 앞으로도 한동안은 그럴 것 같다. 사람면접관만이 줄 수 있는 가치, 그리고 사람면접관이 해야 하는 역할이 있기 여전히 남아 있기 때문이다.

오래전 이직을 하면서 하루 종일 진행되는 평가센터As-sessment Center, 즉, 면접, 프레젠테이션, 문제해결 시뮬레이션 등으로 구성된 평가를 받은 적이 있다. 좋은 회사였고 평가센터의 내용은 훌륭했지만 입사하지는 않았다. 전체 진행을 하는 담당자와 평가자들이 온몸으로 '내가 당신의 생사여탈권을 쥔 사람이야'라는 메시지를 전하고 있었기 때문이다. 후보자를 존중하지 않는 그들의 태도에서 느껴진 그 회사의 조직문화가 거북했다.

한때 근무했던 회사 영업부서에서 일차면접 이후에 음주인터뷰를 관행처럼 시행하는 것을 보았다. 후보자의 진짜 모습을 검증해보고 싶다는 이유다. 소위 압박면접이라는 이름으로 후보자에게 모욕감을 주거나 기분을 상하게 하는 것으로 알려졌던 제약회사도 있다. 스트레스 상황에 대처하는 것을 보면서 거친 영업환경에서 생존할 사람인지 확인하겠다는 의도다. 요즘 세대에게는 먹히지 않을 시대착오적인 발상들이다. 한 유명한 심리학 교수는 압박면접은 성격파탄자들을 선별하는 과정일 수 있다는 표현까지 했다.

좋은 면접은 후보자가 가장 본인다운 모습을 발휘할 수 있는 편안한 환경을 제공하는 것이다. 그 사람의 진정한 면모를 보고 싶다면. 면접은 후보자가 평가를 받는 자리이기도 하지만 동시에 면접관과 회사가 검증받는 자리이기도 하다. 질문의 수준으로 면접관의 인사이트를 평가하고, 태도로 기업문화를 가늠한다. 긍정적인 경험은 회사에 대한 높은 관심과 평판으로 되돌아온다. 후보자들이 스스로 기업을 찾는 정보공유 디지털 시대에 좋은 인재를 확보할 가능성도 그만큼 높아지기 마련이다.

33살, 처음 피플 매니저가 되었을 때 글로벌 본사에서 면접교육을 받을 기회가 있었다. 경험 부족하고 어린 매니저였던 시절에 배운 '3C의 법칙'은 그 이후 내내 면접에서 후보자를 대하는 가장 중요한 지침이 되었다. '3C의 법칙'이란 지금 내가 만나는 후보자가 반드시 3개 C 중에 하나가 된다는 것이다. 서로 의견이 같아 입사를 하면 후보자는 나의 동료Colleague가 된다. 비슷한 업계에서 경험을 쌓은 사람이면 다른 회사에 입사해 경쟁자Competitor가 될 수도 있다. 이 두 경우가 아니어도 후보자는 우리 고객Customer 이다. 어떤 경우이든 후보자를 존중해야 하는 이유로 충분 하고도 남는다.

이전에 제약회사에 근무하면서 대졸 신입공채를 진행할 때 대표이사와 함께 면접관으로 참여했었다. 출입문 가까 이 앉아 있던 그는 후보자들이 들어올 때마다 직접 문을 열 어주었다. 나중에 이 사실을 알게 된 후보자들은 취준생들 의 면접사례를 공유하는 인터넷 사이트에 인상적인 경험이 라는 글을 올렸고 좋은 평판으로 남았다. 사람면접관이 줄 수 있는 가치 중의 하나는 이렇게 좀 더 인간적이고 감성적 인 터치가 아닐까?

최근 배달앱 비즈니스를 하는 한 회사에서 인턴십 프로 그램을 실시하며 최종 관문에서 낙방한 인재들을 대상으로 직무역량 개발을 위한 멘토링 서비스를 지원한 사례가 있 다. 비록 이번 인턴십에는 탈락했지만 젊은 인재들은 성장할 것이고, 회사의 인재풀은 그만큼 확대되는 것이다. 무엇보다 고객관리 차원에서 의미 있는 결정이다.

지금 내 앞에 후보자는 수없이 서류심사에 떨어지면서 간절히 바라왔던 그 자리에 떨리고 설레는 마음으로 앉아 있다. 가족들의 응원도 뒤에 있다. 물론 평가는 공정해야 한다. 철저하게 검증해야 한다. 하지만 우리 회사를 위해 기꺼이 시간을 내어준 후보자에게 귀한 사람으로 대접받은 고마운 기억은 돌려줄 수 있지 않은가.

12
희망은 전략이 아니다

Hope is not a strategy. 희망 자체는 전략이 아니다. 희망을 이루고자 한다면, 반드시 이를 위한 구체적인 실천이 있어야 한다.

전에 근무했던 회사에 '선행지표Leading Indicator'와 '후행지표Lagging Indicator'라는 개념이 있었다. 목표수립과 관리에 이용되는 지표다. 후행지표는 '바라는 결과'이고, 선행지표는 후행지표를 달성하기 위한 구체적인 '실천사항'이다. 예를 들면, 조직의 '안전Safety'문화를 달성하기 위한 후행지표는 '차량사고율, 심각한 안전사고, 직원부상과 산

재건수' 등으로, 원칙적으로 이 지표들의 제로수준이 목표가 될 수 있다. 이를 달성하기 위한 선행지표는 '직원 안전교육, 안전운전 코칭, 전 차량 안전운전 시스템 장착, 사고예방관리' 등이다.

그런데 후행지표만 지나치게 강조되면 결과만 가지고 직원들을 쪼고 책임을 추궁하는 조직 분위기가 형성된다. 선행지표는 후행지표로 선정된 목표를 달성하는 데 가장 효과적이고 우선순위가 높은 실천사항으로 선택되어야 한다. 그렇지 않으면 시간과 자원을 쓸데없는 일에 낭비하게 되고 당연히 성과도 안 나온다. 흔히 듣는 "열심히 하지 말고 잘해"라는 말과 같은 의미라고 보면 된다.

영업 인센티브를 디자인할 때도 이 두 가지 지표가 적절하게 활용된다. 도전적이지만 달성 가능한 영업목표가 숫자로 정해지고, 이는 조직의 성과 및 성장과 직결된다. 후행지표다. 정해진 숫자의 영업목표를 달성하기 위한 주요한 실천사항, 즉 선행지표를 선정하되, 이는 영업직원 스스로가 통제할 수 있는 것이어야 한다. 그래야만 직원들에게 동기부여가 되고 몰입을 이끌어낼 수 있다.

인사의 다섯 가지 시선

아마존 기업의 성공원칙을 다룬 《순서파괴》(콜린 브라이어/빌 카, 다산북스, 2021)라는 책에서도 이와 비슷한 개념으로 성과지표는 아웃풋이 아닌 스스로 통제할 수 있는 인풋을 관리하라는 얘기가 나온다.

가끔 매니저들이 찾아와 팀원들의 성과나 자기계발계획 수립을 위한 좋은 방법을 묻는다. 대부분의 경우 나는 그 매니저가 이끄는 팀의 목표와 매니저 본인의 자기개발계획 작성을 도와주는 것으로 시작한다. 자신의 것을 먼저 고민하다 보면, 자연스럽게 팀원들의 어려움, 고민을 고려하게 되고, 어떻게 코칭하면 될지 배우게 되기 때문이다.

당신은 조직에서 성과를 내기 위해 어떻게 목표를 세우고 무엇을 관리하는가? 고성과 어벤저스팀을 이끌고 싶다면 정교하게 만들어진 선행지표를 관리할 것을 추천한다. 또한 개인의 성과관리도 마찬가지다. 희망이 실현되기 위해 꼭 필요한 과정이다.

13
당신은 손이 많이 가는
직원인가?

인사가 리드하는 전사 프로젝트가 막 시작되고 있는 상황인데, 담당하는 부서 직원이 회사를 떠나게 되었다. 당장 눈앞에 닥친 업무도 문제지만, 무엇보다 남은 직원들이 동요하지 않도록 하는 일이 필요해 보였다. 비즈니스 인사파트너 역할을 담당하는 시니어 직원들에게 이 사실을 공유했다. 그들의 반응은 담담하고 흔들림이 없었다. 해당직원의 퇴사는 아쉽지만 함께 이 변화를 잘 지나가자고 얘기한다. 내가 잘 이끌어줄 거라 믿기 때문에 별로 걱정되지 않는다며 내게도 위로를 건넨다. 대체 나는 왜 이들을 걱정하고 있었던 걸까? 마음의 부담이 사라졌다.

몇 년 전 같은 상황에서 동료가 떠나는 변화가 너무 힘들고 일이 많아져 더 이상은 못할 것 같다며 하소연하던 직원이 떠올랐다. 퇴사하는 직원의 공백을 채우는 것보다 그 직원의 정서관리를 하느라 오히려 애를 먹었다.

함께 일하기 유난히 힘든 직원이 있다. 말하자면 공수가 많이 드는 타입들이다. 물론 일 잘하고, 역량 있고, 인간관계 좋고 두루두루 다 갖춘 직원과 일하면 좋겠지만, 상사와 잘 지내려면 적어도 피해야 할 행동은 있어 보인다.

감정적으로 의존하지 않는 사람이었으면 한다. 지속적으로 다른 사람을 통해 본인의 존재를 확인하려 들면서 끊임없이 타인의 칭찬을 바라는 직원은 관리가 쉽지 않다. 잘할 수 있다고 격려해주는 것도 한두 번이지 않은가. 기본적으로 회사 업무는 본인을 위해서 하는 것이지, 회사나 다른 누군가를 위해 일방적으로 희생하는 자리가 아니다. 이런 직원은 인정을 잘하는 상사를 만나면 한동안은 성장할 수 있겠지만, 좋은 리더가 되기는 어렵다. 높은 직급으로 갈수록 피드백을 주는 사람도 칭찬을 해주는 사람도 드물기 마련이다. 그래서 자기동기부여self-motivation나 스트레스 관리는 임원에게 필요한 자질로 여겨진다.

부정적인 직원도 피하고 싶다. 무턱대고 긍정적이거나 적극적인 성향이어야 한다는 의미가 아니다. 해보기도 전에 그 업무가 가져올 부정적인 영향이나 다른 사람들의 불평을 걱정하는 직원과는 새로운 일을 도모하기 어렵다. 부서의 사기에도 도움이 되지 않는다.

더치페이처럼 일하는 직원은 가르치는 재미가 없다. 본인이 투자하는 노력이 쓸데없는 것이 될까 재거나 고생한만큼 돌려받지 못할까 너무 계산적으로 일하는 사람들이 있다. 일과 개인생활의 경계도 지나치게 분명하다. 그런데 한 번쯤 그 일에 목숨이 달린 것처럼 열심히 하다 보면 기대하지 못했던 보람과 배움을 얻게 되기도 한다. 스스로 발전하고 있다고 생각하는 사람은 기꺼이 책임지며 기여한다.

최악은 약속을 지키지 않아 불안하게 만드는 직원이다. 마감시간은 일이 완성되는 시간이다. 이를 잘 지키려면 업무 목적을 명확히 이해하고 초반에 상사와 방향을 맞춰야 한다. 피드백을 받아 고치는 시간을 감안해서 마감시한보다 일을 빨리 끝내야 한다. 그렇지 않으면 기한을 놓치지 않기 위해 상사가 관리에 공수를 들이게 된다. 직원에게 일을 맡겼지만 그 업무는 여전히 상사의 손에 남아 있다.

'책임accountability의 힘'을 다룬 마크 새뮤얼Mark Samuel의 《Making Yourself Indispensable당신을 없어서는 안 될 존재로 만들기》(Penguin Group, 2012)라는 책에 보면 조직에서 스스로를 불필요한 존재로 만드는 열 가지 행동을 먼저 소개하고 있다.

새로운 팀을 시작할 때 공유하곤 하는데, 아래는 그 몇 가지 예다.

- 하겠다고 말하고 그 일을 하지 않는 행동Saying you will do something and not doing it - ever
- 일정을 지키겠다고 약속한 업무의 마감시한을 놓치는 행동, 심지어 사람들에게 미리 알려주지도 않는 행동 Committing to do something on time and missing due date -

without letting people know ahead of time

- 변화에 대해 비관론자처럼 행동하거나 새로운 것에
  저항하는 행동Being the naysayer when changes are dis-
  cussed and resisting anything new

- 높은 성과를 보여주지 않고 단지 일을 했다는 것만으
  로 보상이나 승진을 기대하는 행동Expecting to be re-
  warded or promoted just for showing up to work without dem-
  onstrating high performance, or thinking you're the best when
  you aren't

공수가 많이 드는 직원과는 가급적 함께 일하고 싶지 않
다. 이왕이면 팀의 동기부여를 위한 일, 열정적인 직원의
성장과 코칭에 시간을 쓰는 일이 훨씬 재미있다.

14
상사도 처음이라

회사에서 부하직원이 상사에게 피드백을 전달할 기회는 많지 않다. 공식적인 지위체계가 존재하고, 인사평가 권한을 가지고 있는 상사에게 피드백을 하는 일은 기회가 주어져도 어렵기 마련이다. 업무가 아닌 리더십이나 행동에 대한 의견은 더욱 그렇다. 하지만 직접적으로 전달하지 못할 뿐, 부하직원이 상사를 바라보는 잣대는 훨씬 높다.

주말 아침부터 전에 함께 일했던 직원에게 전화가 왔다. 한 달 전 입사한 부서장과 그로 인한 팀원들의 변화로 생각이 복잡해진 그녀가 조언을 구하고 싶어 했다. 그녀는 부서장과의 연간목표 수립 면담을 진행하다가, 본인이 수립해 준 팀원의 목표와 역할이 달라진 것을 발견했다. 팀원이 매니저인 자신의 관리를 벗어나 보다 독립적인 업무수행이 가능하도록 역할이 변경되어 있었다. 그 팀원이 부서장에게 하고 싶다는 의지와 할 수 있다는 자신감을 피력했고 부서장은 이를 수용해준 것이다.

그 팀원에게 배신감을 느꼈다. 그동안 어떻게 해줬는데 싶었다. 팀원을 잘 관리하고 지원하라는 부서장도 이해가 되지 않았다. 권한과 책임을 함께 주거나 아니면 피플 매니저 역할을 제외하는 것이 맞아 보였다. 모호한 상황이 불편해 월요일에 부서장을 만날 계획인 그녀가 어떻게 하면 좋을지 묻는다.

"상사도 시간이 필요해요. 회사도 사람도 업무도 다 처음이잖아요."

리더가 바뀌면 권력을 재편하려는 시도는 어디에나 있다. 실력을 인정받아왔던 사람은 이를 유지하기 위해서, 처지가 반대인 직원들은 이번 기회에 인정받기 위해서 말이다. 사실 팀원의 행동은 누군가를 배신하려는 의도가 아니다. 방법이 성숙하지 못하고 조급할 수 있지만, 그냥 새로운 상사에게 빨리 인정받고 변화의 시기를 경력성장의 기회로 만들고 싶은 것이다. 자신에게 이익이 되는 행동을 했을 뿐이다.

상사인 부서장은 생각보다 어려운 상황에 놓여 있다. 새로운 조직에 적응하느라 정신이 없는데, 업무파악과 동시에 자신의 상사에게도 신뢰를 얻어내야 한다. 동료들은 그가 적인지 친하게 지내도 되는 사람인지 지켜보고 있다. 새로 들어온 동료가 역량이 부족하고 함께 일하기 답답한 사람인 것은 싫지만, 같은 상사에게 보고하는 경쟁상대라면 나보다는 좀 못했으면 좋겠고, 처음에는 헤매다가 잘했으면 싶은 마음이 있을 수도 있다. 그러니 원하든 원하지 않든 동료들에게 인정받아야 한다.

기꺼이 협력하라고 권했다. 열심히 일하면서 도와주었는데 나중에 뒤통수 맞을까 주저하는 사이, 오히려 능력을 인정받고 새로운 상사와 신뢰를 쌓을 기회를 잃어버릴 수도 있다. 실제로 이직한 회사에서 자신보다 한참 모르는 나에게 인내심과 선의로 가르쳐준 팀원에 대한 고마움을 잊지 못했던 경험이 있다. 자신이 아는 것을 아낌없이 공유해준 그 직원의 인성에 대한 깊은 믿음도 가지게 되었다.

준 만큼 보상받지 못할까 너무 걱정할 필요 없다. 상사가 제대로 된 사람이라면 언젠가는 빚을 갚는다. 상사가 조직에 정착할 수 있도록 협력한 당신을 만약 알아보지 못한다면 어차피 함께 갈 가치가 없는 사람이니 그때 가서 이직하거나 다른 선택을 해도 된다. 조급할 이유가 하나도 없다.

상사가 의견을 묻거나 조언을 구한다면 적어도 당신이 그럴 가치가 있는 사람으로 평가받았다는 의미다. 너무 조심스러우면 상사는 당신이 그를 신뢰하지 않는다고 생각하기 쉽다. 부정적인 인상을 피하기 위해 상황을 군이 긍정적으로 묘사하거나 타인에 대한 칭찬만 할 필요도 없다. 그냥 사실에 근거해 정직한 정보를 주면 된다. 그래야 상사의 신뢰를 얻는다.

직원들이 상사에 대한 잘못된 기대치를 설정해두고 실망하는 경우를 본다. 다국적기업에 부임한 사장이 외국인이면 언어가 다르고 문화적 이해가 낮다는 이유로 직원들은 생각보다 너그러운 기준을 적용한다. 교포인 한국인 사장에게는 성장배경이나 언어장벽과 상관없이 직원들을 잘이해하는 한국인이기 바라기 마련이다.

상사에게도 시간이 필요하다. 승진하자마자, 새로운 조직에 부임하자마자 잘하기는 어렵다. 기분이 어떠냐는 질문에 마음이 훨씬 편해졌다고 한다. 상사에게 시간을 주고 업무에 집중하면서 기다리겠다고 말한다. 그녀의 마음이 편하다니 나도 기분이 좋다. 꽃들이 예뻐지며 봄이 오는 주말이다.

PART 2

일을 통해
공존하기

chapter 3

관계

15
자기정체성 인정해주기

회사생활을 하면서 성공적인 관계맺기가 때로는 일보다 더 중요하다는 경험을 종종 하게 된다. 많은 사람들이 효과적인 대인관계의 기술을 배우기 원하는 이유가 여기에 있다.

나에게는 대인관계의 기술이라는 표현 자체가 좀 불편하다. 대인관계는 근본적으로 기술의 문제가 아니라고 생각한다. 어떤 사람을 향한 마음이 진심이면 언젠가는 그 마음이 닿는다. 진심조차 통하지 않는 제이에스들이 더러 있기는 하지만. 사람들은 자신을 좋아하는 사람과 그렇지 않은 사람을 기막히게 구별한다. 누군가와 깊이 친해지기까지는 반드시 시간이 필요하다. 가끔 만나자마자 단번에 잘 통하는 경우는 있다. 이 경우도 관계가 단단해지기 위해서는 서로를 알아가는 시간이 필요하다. 어려움과 갈등을 지나며 비로소 그 사람의 진짜 모습이 보이기도 하니 말이다.

이건 내향성이 높아 단시간의 친화력으로 승부하기 어려운 나를 위한 의견이다. 성공적인 조직생활을 위해 대인관계가 중요하다는 사실은 모두에게 같지만, 대인관계 구축의 기술이 사람마다 같을 필요는 없다. 이를 위해 거쳐야 하는 과정을 지나치게 앞당기려는 노력은 내 스타일이 아니다. 그래서 반려동물도 적극적으로 들이대는 개보다는 표현이 직접적이지 않은 고양이가 좋은가 보다.

대인관계를 구축해가는 나만의 방식이 있다. 시간이 다소 걸리는 일인 편이다.

회사 리더십교육 과정의 일환으로 상사에게 피드백을 받을 기회가 있었다. 성과평가 면담과는 달리 온전히 리더로서의 성향과 역량에 대한 피드백 자리였다.

"조 전무는 내가 원하는 것을 정말 잘 파악해요. 굳이 말하지 않아도 다른 사람들은 지나쳐버리는 미묘한 표정변화나 사소한 제스처를 알아차려서 내 생각을 이해해줄 때가 많아요. 나로서는 고마운 일입니다. 원래 타고난 성향인가요? 아니면 훈련된 것인가요?"

생각해보니 나는 어릴 때부터 예민한 아이였다. 민감한 직관력은 상황파악이나 상대의 생각을 읽는 데 도움이 되었다.

"타인이 원하는 것을 섬세하게 파악해내는 능력은 리더에게, 특히 인사리더에게는 좋은 재능입니다. 그러한 능력을 앞으로도 직원들을 돕는 데 많이 써주세요."

이 말은 엄청난 보상이었다.

조직과 사람에 대한 깊은 통찰력을 가지고 직원을 돕는 인사리더! 내가 바라는 자기정체성을 인정받은 느낌이었다.

엄마는 "내 딸이지만 참 별나다."라는 말을 가끔 했다. 본인을 꿰뚫어보는 것 같다며 어려워하는 직원도 있다. 내색하지는 않지만 나를 향한 상대의 감정이 잘 읽혀서 쉽게 상처받기도 한다. '인사리더의 역할을 해내기엔 내가 너무 예민하고 친화력이 부족한 것은 아닐까?' 하는 생각도 했었다. 상사의 피드백은 이렇게 흔들리는 나의 자존감에도 물을 주었다.

직설적인 언행으로 상사와의 관계가 틀어진 직원이 있었다. 그녀는 직선적이고 강한 스타일이라는 직원들 사이의 평판을 싫어했다. 이런 이미지에서 벗어나 '좋은 사람', '대인관계에 문제가 없는 사람'이라는 평가를 받기 위해 몹시 신경을 쓰는 듯 보였다.

나는 자신이 아닌 다른 사람이 되려고 노력하는 그녀가 안타까웠다. '뛰어난 업무능력, 명확한 전달력' 같은 그녀의 강점들이 희석되고 있었다.

함께 식사하면서 나의 생각을 전달할 기회가 있었다.

"남들이 어떤 평가를 하든 팀장님은 좋은 사람이에요. 다른 사람들의 평가가 사실은 아니니까요. 그들은 각자의 입장과 팀장님과의 제한된 경험을 바탕으로 개인적인 의견을 말하는 겁니다.

팀장님은 뛰어난 실력을 가지고 있어요. 본인의 역할에서 누구보다 열심히 회사에 헌신하고 있고요. 우리 회사에서 아마 그걸 모르는 사람은 없을 거예요. 부정적인 평가를 하는 사람들의 생각을 바꾸기보다 저처럼 팀장님을 지지하는 친구를 많이 만드는 것은 어떠세요?"

뛰어난 실력으로 주어진 역할에 진심으로 헌신하는 사람! 그녀가 바라는 자기정체성을 인정해 주었다. 사실이었으니까.

새해를 시작하는 아침에 그녀에게 메시지가 왔다.

'고처불승한 – 높은 곳에선 추위를 이기지 못한다. 지위가 오르면 시기와 모함이 따른다. 새해에도 힘내세요! 지난해 전무님을 더 많이 알게 된 것 같습니다.'

조직 변화관리 업무로 고군분투하는 나를 인정해주었다.

시간을 들여 관심을 가지고 어떤 사람을 겪어본 후 본인이 인정받기 원하는 자기정체성을 알아봐주면 관계는 견고해진다.

인사의 다섯 가지 시선

거짓으로 칭찬한다는 의미가 아니다. 한 발 떨어져 있어 더 잘 보이는 그 사람의 선한 본성과 강점을 일깨워 자존감을 지지해주는 것이다. 타인의 성공에 기여하는 일이 생각보다 그리 어렵지 않을 수도 있다.

당신은 어떤 방식으로 대인관계를 구축하고 있는가? 당신의 자연스러운 본성과 강점을 살린 자신만의 기술은 무엇인가?

16
친구를 많이 만들고
적을 만들지 말아야 해

아시아태평양 인사파트너로 일한 적이 있다. 아태지역 사업부 리더에게 보고하며, 인사 관련 전략적 과제에 있어 13개 국가 인사담당자를 리드하는 역할이다. 상사의 적극적인 제안과 새로운 경험에 도전하고 싶은 생각에 수락은 했지만 걱정과 두려움도 있었다. 더군다나 영어도 부담이었다. 글로벌기업에서 오랫동안 근무하며 영어를 일상적으로 사용해왔지만, 한국만 대표하는 입장에서 영어를 쓰는 것과 영어가 모국어인 나라까지 포함해서 리드하는 것은 다른 문제였기 때문이다.

과거에 아태지역 마케팅매니저로 근무했던 선배에게 어떻게 하면 이 역할을 잘해낼 수 있을지 조언을 구했다.

"친구를 많이 만들고 적을 만들지 말아야지."

대수롭지 않은 듯 던지는 말에 나도 그냥 가볍게 넘겼다.

역할을 맡은 후 첫 임무는 사업부의 성과를 견인할 13 개 국가 공통의 영업인센티브 설계였다. 각 나라 인센티브 제도와 디자인 배경, 비즈니스 관행, 관련법규나 노조활동까지 파악해야 하는 꽤 복잡한 프로젝트였다. 인사부는 물론 비즈니스 리더, 재무부서와 글로벌 본사 담당자 등 많은 사람들의 협업이 요구되는 업무였다. 그들은 모두 바쁜 사람들이었고, 내가 요청하는 업무가 항상 우선일 수는 없었다.

일하는 방식도 제각각 달랐다. 일본 동료들은 비교적 약속시간을 잘 지켜 업무를 수행했다. 호주나 뉴질랜드 동료들에게는 프로젝트의 목적과 필요성을 설득하는 데 많은 시간을 할애해야 했다. 싱가포르나 말레이시아 정도를 제외한 나머지 동남아국가 담당자들은 업무속도가 느린 편이었다. 한 국가라도 늦어지면 전체적인 프로젝트 마감이 길어지니 난감했다.

차츰 그들을 움직이는 나름의 요령을 터득하기 시작했다. 인도는 카스트제도 신분계급 문화가 남아서인지 내가 그들의 상사에게 영향을 끼칠 수 있다는 인상을 주면 적극적으로 협력했다. 동남아 동료들은 커뮤니케이션을 하는 이메일에 직속 상사를 참조하니 신속하게 움직였다. 호주 동료들은 그들과 친구 같은 관계를 만드는 것이 중요했다.

그런데 나라를 막론하고 보다 근본적인 공통점이 있었다. 나와 담당자 사이의 친밀도와 신뢰가 협업의 정도와 우선순위를 좌우한다는 점이다. 그들 상사의 힘을 빌게 되면 협조는 하지만 몰입도가 높지 않고, 때로는 나에 대한 부정적인 감정도 생길 수 있었다.

선배가 대수롭지 않게 말했던 조언이 떠올랐다. 간단하지만 정말 중요한 노하우구나 싶었다.

프로젝트 진행과 더불어 관계 쌓기에 시간을 쏟았다. 정신없이 바빴지만 주기적인 일대일 미팅을 통해 다른 나라

인사담당자들이 진행하는 일을 공유 받으며 도움을 줄 수 있는 일들을 적극적으로 찾았다. 또한 개인적인 어려움에도 관심을 가졌다. 성공적인 업무결과는 상사는 물론 다른 나라에도 좋은 사례로 소개해 자연스럽게 인정받는 기회를 만들어주었다. 해당 국가나 개인에게 좋은 일이 생기면 시간을 내서 이메일이나 전화통화로 축하를 전했다. 회의로 모였을 때 잠깐이라도 일에 대해 얘기하기 전에Check Work 서로의 안부와 일상을 묻는 것Check People에 시간을 할애했다. 관계를 쌓기 위한 스킬로서가 아니라 그들의 도움이 필요한 것처럼 나도 그들을 돕겠다는 마음을 가졌다. 이렇게 친밀도와 신뢰수준이 높아지고 서로를 더 많이 알게 되면서 업무지원의 효율성도 증가했다.

어느 날 인도의 인사담당자가 일대일 미팅에서 나에게 이런 말을 했다.

"내가 인사부라서 사업부 리더들에게는 입장 차이에서 오는 갈등이나 개인적인 어려움을 토로하기가 쉽지 않았는데, 같은 인사의 입장에서 고민해줘서 고마워."

보람 있는 순간이었다. 사실 들어준 것 말고는 별로 도와준 게 없다.

영업인센티브 프로젝트는 잘 끝났고 좋은 성과로 인정 받았다. 업무자체보다는 여러 다양한 사람들과 함께 결과를 만들어낸 과정에서 배운 게 많았던 것이다. 내 능력이 아니라 관계의 힘이 만들어낸 결과였다.

조직에서 '사람에 대한 민첩성'은 리더의 잠재력을 평가하는 중요한 기준이다. 성향과 배경이 다른 다양한 사람들과 조화롭게 일하면서 성과를 만들 수 있는지를 고려한다. 지위가 올라갈수록 더욱 그렇고, 관계 맺기에 서툰 사람은 승진이 어려울 수도 있다. 물론 힘 있는 사람이나 도움되는 사람과만 우호적 관계를 맺는 조직정치가 아니다. 성실하고 집요하게 나를 미워하는 사람이 있어도 곤란하다. 실제로 상사의 절대적인 신뢰에 힘입어 승승장구하며 다른 관계에 소홀했던 매니저가 갑작스러운 상사의 퇴사와 함께 조직에서 찬밥신세가 된 경우를 보았다. 《나는 심플한 관계가 좋다》(한근태, 두앤북, 2019)에 나오는 "친구 덕분에 성공하는 사람은 별로 없지만, 적 때문에 실패하는 사람은 많

　　　　　　　　　인사의 다섯 가지 시선

다. 우리가 정말 관심을 가지고 관리해야 할 사람은 나를 미워하는 이들이다. 직위가 올라갈수록, 나이가 들수록 더 그렇다."는 말에 백 번 공감한다. 노련하고 성숙한 관계 맺기가 필요하다는 의미다.

그런데 그게 어디 쉬운 일인가? 실패하고 상처입고 피곤하고 지금도 매일 시행착오를 겪고 있다. 하지만 그럼에도 관심을 가지고 내 시간과 에너지를 들인다. 그래야 하니까. 좋은 관계에서 오는 보상은 일의 성취에서 오는 보상만큼, 때로는 그보다 크다.

17
좋은 이별 |
떠나는 사람

지난주 부서의 한 직원이 퇴사의사를 밝혔다.

"좀 쉬고 싶습니다."

팀장으로 승진하며 맡게 된 난이도 높은 프로젝트와 글로벌 직원들과 잦아진 소통으로 자신감을 잃은 데다, 개인적인 어려운 일까지 겹치며 심적으로 힘들어하는 것으로 보였다. 법인통합과 인수합병 등으로 정신없이 바쁜 상황이지만 직원의 건강과 개인의 삶이 우선이니 잡을 수는 없었다.

"저에게 퇴사의사를 밝힌 게 처음이 아니니 이번엔 잡

지 않을게요."

바로 다음 월요일 후임자 선발과 업무이관 논의를 위해 만난 자리에서 그는 2주 안에 퇴사하기를 원했다.

"건강 때문에 정말 쉬고 싶은 건가요? 아니면 다른 회사로 이직을 하는 건가요?"

"솔직히 말씀드리면, 제 능력으로 적당히 잘할 수 있는 회사에서 편하게 직장생활 하고 싶습니다."

경험은 다소 부족하지만 도전해보고 싶다는 본인의 의지를 믿고 팀장승진 기회를 준 게 불과 몇 달 전이다. 개인 사로 휴직기간을 가진 후 복귀한 지 채 2달이 지나지 않았다. 퇴사야 어쩔 수 없다지만, 회사가 베푼 배려와 업무부담을 안게 될 동료들을 생각해서 인수인계 기간만은 넉넉히 줄 거라는 기대와는 다른 행동이었다.

퇴사를 하는 과정에서 오랫동안 함께 근무했던 직원들의 낯선 모습을 보게 된다.

회사마다 최소한의 퇴사통보 기간이 있는데, 많은 사람들이 개인휴가를 사용해 이 기간을 짧게 채우고 도망치

듯 회사를 빠져나간다. 매니저로서는 그게 괘씸해서 그동 안 쌓아왔던 감정과 신뢰가 순식간에 무너진다. 관계가 나 쁜 직원도 아니었는데, 전화로 퇴사의사를 밝힌 두 시간 후 이메일로 마지막 근무일과 휴가일정을 일방적으로 통보하 며, 관련 권한이 명시된 취업규칙까지 첨부해서 보낸 경우 도 있었다.

상사관계의 스트레스로 퇴사를 결정한 직원은 대놓고 상사의 뒷담화를 하거나 공공연히 대립을 하기도 한다. 쌓 였던 울분에 복수라도 하듯 성의 없는 일처리는 다반사다. 심지어 본인이 가지고 있는 중요 데이터를 삭제해버리는 경우도 있다.

함께 보낸 시간 중에는 도움과 의지가 되었던 좋은 기억 도 있을 텐데, 매니저도 직원도 좋은 이별을 할 수는 없을 까?

면접을 할 때 나는 후보자가 우리 회사에 입사하고 싶은 이유만큼, 지금 회사를 떠나려는 이유에도 관심을 갖는다. 변화를 꺼려하는 인간의 특성상 많은 경우 풀 팩터Pull Factor, 새로운 기회에 대한 기대 보다 푸시 팩터Push Factor, 회사를 떠나고

인사의 다섯 가지 시선

가 먼저 작용한다고 믿기 때문이다.

사람의 진짜 모습은 어려울 때, 이익이 개입될 때, 그리고 헤어질 때 더 잘 보인다. 지금 회사와 잘 이별할 준비가 되어 있는 사람이 새로운 것을 건강하게 시작할 힘도 있다.

몇 년 전 부서의 선임팀장이 개인사로 싱가포르로 이주하면서 갑작스럽게 퇴사를 하게 되었다. 부서는 여느 때처럼 바빴고 나는 큰 수술까지 앞두고 있었다.

"유 팀장, 내가 수술하고 건강을 회복한 후 복귀하려면 시간이 필요한데 저 좀 도와줄 수 있어요?"

대답은 0.1초도 걸리지 않았다.

"그럼요. 제가 마무리 잘할게요."

그녀는 개인적으로 싱가포르 이주를 준비하면서 무려 4개월 동안 부서에 남아주었다. 마치 10년은 더 일할 것처럼 열심이었다. 진행되던 프로젝트도 완수했고, 곧 헤어진다는 아쉬움 때문인지 직원들에게도 애정을 쏟으며 최선을 다했다. 후임자 선발면접도 직접 수행했다.

송별회에는 다양한 부서 직원들이 참가해 그녀가 보여

준 열정적인 모습에 감사와 칭찬을 보냈다. 자신의 진심을 알아준 사람들 덕분에 앞으로 삶의 자신감이 될 것 같다며 그녀는 감동했다. 회사에 좋은 선례로 남았고, 부서 직원들에게는 '인사는 다르다'는 자부심도 심어주었다.

싱가포르 출장을 갈 때면 그녀에게 연락한다. 좋은 일 나쁜 일이 있을 때 서로의 안부를 챙긴다. 직원들은 그녀를 떠올리며 좋은 사람인데 잘됐으면 좋겠다는 얘기를 한다. 많은 사람들이 보내는 긍정의 기운 때문인지 그녀는 개인사의 어려움을 극복하고 정말 잘 지낸다.

이번에도 나는 좋은 이별을 하고 싶다.

사실 이미 퇴사를 결정한 직원이 한두 주 더 일한다고 해도 업무상에 별 차이는 없다.

"원하는 퇴사날짜로 사표 제출하세요. 대신 본인이 선택한 기간 동안 앞으로 10년은 더 일할 것 같은 태도로 일해 주세요. 그동안 고생 많았는데, 함께 일했던 직원들이 손잡고 격려하며 '수고했다, 아쉽다' 얘기할 수 있게요."

회사를 떠날 때 물리적으로 조금 더 쉬는 것보다, 함께 일한 직원들을 통해서 자신이 얼마나 고마운 존재였는지 느끼며, 넘치는 자존감을 안고 새로운 회사에서 시작하는 게 훨씬 중요하다. 상사가 인생 살면서 다시는 보고 싶지 않은 나쁜 인간이라면, 더더욱 좋지 못한 기억을 남길 필요가 없다.

> "많은 사람들이 다음 직장에서 새롭게 실적을 쌓으면 된다는 아마추어 같은 생각으로 전 직장에서 제대로 일을 처리하지 않고 나온다. 하지만 이 모든 과정은 당신의 기억 속에 고스란히 남아 있다. 누구보다 진짜 속내를 잘 알고 있기 때문에 자신에게는 어떤 변명도 통하지 않는다. 나 자신에게 떳떳하기 위해서라도 전 직장에서 일을 완벽하게 정리하고 나와야 한다."
>
> ― 《세계 최고의 인재들은 왜 기본에 집중할까》(도쓰카 다카마사,
> (주)비즈니스북스, 2014)

지난 몇 일간의 행보를 보니 다행히 그 직원은 남은 기간을 열심히 보내겠다는 약속을 지킬 모양이다. 그래도 아

쉽긴 하다. 사람이 죽고 사는 문제도 아니고, 직장은 지금 처럼 그만두면 그만인 것을. 처음부터 지금 같은 마음으로 일했으면 스트레스가 많을 이유도 없었을 테니 말이다.

18
좋은 이별 II
보내는 사람

    회사를 옮기면서 몇 번의 퇴사를 경험했다. 입사할 회사는 언제나 빠른 입사를 원한다. 게다가 퇴사를 결정하면 일이 참 하기 싫다. 의사결정을 할 때 '앞으로 일어날 일은 어차피 내가 책임지지 않을 거니까' 하는 마음이 스멀스멀 올라온다. 사내 인간관계에도 소극적이 된다. 회의에서는 내가 너무 나서는 게 아닐까 싶어 한 발 물러서게 되기 마련이다.

    그러다 문득 '내가 어떤 사람이지? 나는 어떤 사람으로 이곳에 남게 될까?' 하는 생각을 떠올린다. 인생의 일정 기간 동안 진심과 열정을 다했던 회사의 마지막을 프로답게 마무리하고 싶다.

얼마 전 타 회사에서 이직해온 직원의 얘기다. 이전 직장 퇴사통보기간이 2개월이었는데 휴가라도 써서 일찍 입사하길 바랐지만, 중요한 업무가 많다며 2개월을 다 채우고 입사한 직원이다.

"퇴사하는 입장에서는 기본적으로 미안함이 있거든요. 이직을 결정했지만 남은 기간 동안 매일 야근하다시피 일하면서 최선을 다했는데, 고마워하지 않고 괘씸한 배신자 대하듯 서운해하셨어요."

퇴사자가 회사와 좋은 이별을 하기 위해서는 떠나는 쪽도 보내는 쪽도 함께 노력해야 한다. 보내는 사람, 특히 상사의 존중과 배려는 떠나는 직원에게 회사가 자신을 어떻게 생각해왔는지 전달하며, 남은 기간을 어떻게 보낼지 선택하게 하는 힘이 있다.

전에 근무했던 한 회사는 매트릭스 형태 조직이어서 상사가 두 명이었다. 함께 일하면서 두 상사 모두에게 많은 것으로 배웠고, 열심히 일한 만큼 업무성과 인정을 받으며 관계도 좋았다. 하지만 퇴사를 결정한 나를 대하는 두 상사의 태도는 사뭇 달랐다.

한 상사는 퇴사의사를 밝히자 그 회사에서 갖게 될 커리어 기회들을 공유하며 본인에게 잠시 시간을 달라고 간곡히 요청했다. 일주일 후 내가 인터내셔널 역할에 관심이 있다는 것을 아는 그녀는 싱가포르로 이동해 아시아 여러 나라를 담당할 새로운 포지션을 제안했다. 해당 업무를 총괄하는 글로벌 본사 리더와 아시아담당 사장과의 미팅을 주선해 역할에 대한 비전을 볼 수 있도록 도와주었다. 그동안의 헌신과 노력을 인정받은 기분이었다. 개인적인 사정 때문에 싱가포르로 가지는 않았지만, 배려하는 그 진심이 몹시 고마웠다.

업무이관 계획을 위한 미팅에서 그녀는 내가 얼마나 많은 기여를 해왔는지, 그런 성과들을 만들어낸 우리 팀이 얼마나 자랑스러운지 모든 팀원들 앞에서 전달했다. 업무이관 자체보다는 개개인의 자부심이라는 스피릿spirit에 집중했다.

퇴사하기 이틀 전 그녀에게 전화가 왔다. 그녀가 사는 미국은 늦은 밤이었다. 어머니가 입원한 병원에 있어 길게 통화할 수 없지만 잠깐이라도 작별인사를 하고 싶었다고 말한다. 내 강점을 열거하며 새로운 조직에서도 분명히 성공할 거라고 힘을 북돋워주었다. 필요하면 언제든 멘토가 되어주겠다는 약속도 잊지 않았다.

또 다른 상사도 퇴사 이유를 물었다. 듣지는 않았다. 그냥 떠나도 상관없지만 조심스럽게 얘기를 꺼내려고 하니 화제를 돌리며 말을 자른다. 그럴 거면 왜 물어본 건지. 그의 주관으로 진행된 업무이관 미팅에 나는 초대받지 않았고, 나중에 팀원들을 통해 듣게 되었다. 다른 누군가를 위해 일한 것은 아니지만, 그를 신뢰하며 지나치게 열심히 일한 내가 바보였다는 생각을 잠시 했었다. 그가 가끔 하던 표현처럼 나는 회사가 아닌 상사를 떠나고 있었다.

회사를 떠난 얼마 후 헤드헌터를 통해 그 자리를 추천받은 지인에게 연락을 받았다. 지원여부를 고민하며 어떤 회사인지 상사는 어떤 사람인지 묻는다.

이직을 앞둔 젊은 직장인을 코칭하다 떠나는 회사도 잘 마무리하라고 조언했다. "직원들 나가면 다 욕하던데요. 저한테도 그러겠죠 뭐"라는 안타까운 대답이 돌아왔다.

떠나는 직원을 배려하는 것은 그 직원에 대한 배려를 넘어 나와 함께 일할 다른 직원들을 위한 것이다. 남은 직원들은 떠나는 동료를 리더가 어떻게 대하는지 예의주시하기 때문이다. 언젠가 자신들도 같은 대접을 받을 것을 안다. 심지어 동료들조차 불편해하는 저성과자나 문제행동을 하는 직원을 해고할 때도 다르지 않다.

퇴사하는 직원을 대하는 방식은 당신의 평판과 미래에 영향을 줄 수 있다. 회사에서는 조직관리를 담당할 후보자 채용 시 아래 사람으로부터의 평판에 주목한다. 퇴사가 많았던 어떤 부서에서는 리더에 대한 부정적인 평판이 시장에 알려져 후보자를 찾느라 애를 먹은 경우도 있었다.

이직이 잦은 시대다. 글로벌 인재포럼에서 대★퇴사시대the Great Resignation라는 말이 나올 정도다. 오히려 신입 직원들 이직방지를 위해 리더가 눈치를 볼 지경이다. 리더는 직원들을 다양한 방법으로 동기부여하고 조직에 몰입하도록 많은 노력을 해야 한다.

그럼에도 불구하고 직원은 퇴사한다. 팀원이 나가면 업무부담은 물론이고 리더로서 내가 무엇을 잘못한 것 같아 심적으로도 힘들다. 우리는 개인가치에 따른 이직이 자연스러운 세대와 함께 일하고 있다. 개인의 성장이 조직이 제공하는 기회보다 빠르면 떠나는 게 당연하다. 퇴사라는 결정을 바꿀 수 없다면 당신은 어떤 선택을 할 수 있을까? 쿨한 세대다운 좋은 이별은 어떨까?

19
코칭을 할 땐
그들의 시간임을 기억해

핵심인재로 분류된 직원이 회사를 떠나면 직접 퇴사면담을 한다. 많은 경우 그들은 본인이 회사에서 그렇게 인정받는 직원이었다는 사실을 인지하지 못하고 있다. 매니저들은 의아해한다. 다른 직원에 비해 일대일 면담도 더 자주하고 인정, 경력지원, 교육기회 등을 통해 신뢰를 형성해왔다고 믿기 때문이다. 왜 이런 간극이 생기는 걸까?

회사 리더십개발 과정의 일환으로 360도 다면평가와 전문코치의 코칭을 받을 기회가 있었다. 상사는 출장을 가면서 짧은 전화통화로 커리어 지원을 위해 이 코칭을 진행한다고 얘기했다. 몇몇 시니어 리더에게만 주어지는 특별한 기회였지만 기분이 상했다. 내심 직접 마주한 자리에서 상사가 나의 커리어 비전에 관심을 표현해주길 기대했던 것 같다. 시간은 길지 않아도 상관없었다. 커리어개발 기회를 적극적으로 요청하는 성향을 가진 나와의 대화를 피하려는 상사의 태도가 몹시 실망스러웠던 것이다.

직원이 바라는 경력개발 지원을 회사나 상사가 다 해줄 수는 없다. 인사담당자로서 누구보다 잘 안다. 원하는 커리어 지원을 당장 해달라는 것이 아니다. 단지 상사가 나의 성장에 관심을 가지고 진심으로 도와주고 싶어 하는지가 중요하다.

대기업을 비롯한 여러 기업에서 코칭 문화를 확산시키고 싶어 한다. 특히, 기업의 다수를 차지하며 핵심인력으로 자리 잡은 MZ세대는 일 년에 한두 번 있는 성과면담까지 기다리지 못한다. 그들은 즉각적이고 지속적인 피드백과 대화를 원하는, 호흡이 빠른 세대다. 그러니 코칭 문화가 더욱 중요할 수밖에 없다.

인사의 다섯 가지 시선

코칭은 매니저에게도 직원에게도 쉽지가 않은 일이다. 일대일로 얼굴을 마주하고 직원의 얘기를 듣는 게 영 어색하다. 몇몇 매니저는 술자리에서 이미 본인의 진심을 전달했다고 믿는다. 마음이 오고 가는 찐한 술자리였는지는 모르지만, 직원들은 절대 이것을 진지한 코칭이나 일대일 면담으로 여기지 않는다. 이게 퇴사자 면담에서 느껴졌던 간극의 원인은 아닐까?

어색하고 불편하기는 직원도 마찬가지다. 상사가 왜 면담을 하자고 부른 건지, 갑자기 왜 안 하던 행동을 하는지, 본인이 뭘 잘못한 것은 아닌지 별별 생각이 다 든다. 이런저런 불안한 마음을 가지고 만났는데, 하고 싶은 얘기를 해보라고 시작은 했지만 결국 상사가 하고싶은 말만 잔뜩 늘어놓는다. 잔소리 가득한 그 코칭은 이미 망했다.

수많은 코칭 교육과 다양한 코칭 대화모델이 존재하지만, 개인적으로 코칭은 우수한 모델이나 매니저들의 스킬 문제가 아니라고 생각한다. 오히려 '마음'과 '의도'의 문제다. 직원을 돕고자 하는 마음 Helping Attitude이 가장 중요하다. 상사가 어떤 마음과 목적으로 코칭을 하는지 직원들은 귀신같이 알아챘다. 코칭을 시작할 때는 가급적 따로 시간을 내서 도와주고 싶어 기회를 마련했다는 매니저의 선한 의도를 전달하는 것으로 시작하면 좋다. 코칭을 빙자해서 본인이 평소에 하고 싶었던 말을 쏟아내는 시간이면 안 된다.

머레이 스미스, 최고의 상사 중 하나로 기억되는 호주 사람이다. 아시아태평양 인사총괄 리더였는데 함께 일했던 동료들도 나와 같은 기억을 가지고 있다. 항상 내 입장에서 들어주었기 때문에, 그와 대화를 하면 내가 매우 중요한 사람이라는 느낌을 받았다. 수시로 오가는 업무관련 논의와 별도로 한 달에 한 번 정기적인 코칭 미팅이 있었다. 그가 온라인으로 초대하는 미팅의 이름은 그냥 일종의 '안부미팅check-in'이었다. 어떤 얘기도 할 수 있어서 개인적, 업무적으로 도움이 되었고, 어떤 얘기를 해도 안전했다.

'안부미팅'을 통해 받는 코칭이 너무 좋아 나도 부서원들을 대상으로 하고 싶었다.

"Diana, It's their time. 그 시간이 '너의 시간'이 아니라

'그들의 시간'이라는 걸 꼭 기억해."

머레이의 조언이다. 그 조언은 지금도 삶에서 계속 살아 움직인다.

조직이 전체적으로 젊어지며 M세대 팀장들이 많아졌다. 경험이 길지 않아도 코칭할 수 있다. 그저 상대방을 존귀하게 여기는 마음이 부족하지 않으면 된다. 사람들은 진심이 담긴 정직한 얘기를 듣고 싶어 한다.

20
나는 행동,
상대방은 의도에 집중하기

누군가에게 피드백을 받으며 몹시 기분상한 일이 있다. 갑작스럽게 통화를 요청한 그는 화난 본인의 감정과 나에 대한 그간의 생각을 여과 없이 쏟아냈다. 상황과 이유를 설명하니 핑계 없는 무덤이라는 표현까지 썼다. 해당 사건과 상관없는 그동안의 일대일 미팅방식이 맘에 들지 않았다는 얘기도 했다.

내 입장에선 상대방을 존중하는 의미로 의논하고 싶은 것이 있는지 먼저 묻는 방식이 그에게는 불편했던 모양이다. 그랬다면 원하는 방식을 그냥 말해주면 될 일이다. 군이 얘기하지 않아도 알아차려주기를 바라는 것은 과연 친밀한 관계에 대한 기대였을까? 아니면 상하관계를 전제로 내가 당연히 했어야 하는 행동이라는 논리였을까? 지나치게 감정적인 그의 반응은 당황스럽기까지 했다.

그런데 마음이 상한 이유는 그가 솔직해서가 아니다. 사람들은 대부분 정직한 피드백의 가치를 잘 안다. 그의 피드백은 나의 행동이 아닌 선한 의도에 대한 불신과 인성으로 향하고 있었다.

우리에게는 근본적인 편견이 존재한다. 타인의 실수는 인성Personality에서 비롯되고, 나의 실수는 환경Environmental에서 비롯된다는 생각이다. 내가 약속시간에 늦으면 차가 막히거나 아이가 아픈 어쩔 수 없는 상황environmental 때문이고, 상대가 늦으면 원래 잘 늦는 버릇이 있거나 약속을 진지하게 여기지 않는 사람personality이라고 평가하곤 한다. 조직의 많은 리더들이 본인은 숨겨진 고상한 의도로, 다른 리더는 드러난 행동을 가지고 판단하는 것처럼 말이다.

그는 피드백을 주면서 의도가 행동이 아니라는 사실을 기억해야 했다 The intent is not impact.

나 역시 마찬가지다. 의도는 선했지만 내 행동이 그에게 미쳤을 영향에 대해서 배려하지 못했다. 글 속에서는 항상 나보다 훌륭한 인간을 만난다. 지금의 내가 아닌 되고자 하는 나의 모습에 가까운. 일상의 나는 실수와 허점투성이다. 어떤 날은 참 후지다.

선한 의도만 생각하면서 괜찮은 리더라고, 최소한 그렇게 엉망은 아닐 거라고 생각하지만, 그건 어디까지나 내 생각이다. 함께 일하는 동료들에게 확인해봐야 아는 일이다. 실제로 조직에서 360도 다면평가를 받은 후 배신감에 속상했던 기억이 있다.

인사업무를 하다 보니 관계의 기술이나 갈등관리 기법을 물어오는 사람들이 종종 있다. 피드백하기, 갈등의 해결, 관계 맺기. 이 모든 것을 위한 좋은 전략 중의 하나는 상대방의 선한 의도를 읽어내려는 노력과 인정이 아닐까 싶다. 반대로 노력해보는 것이다. 나에 대해서는 스스로의

행동이 타인에게 미칠 영향에 집중하고, 상대방에 대해서
는 선한 의도에 집중하면 도움이 된다.

21
무능해질 필요도 있어

부서에 결원이 생기면 후임자가 올 때까지 기존 직원이 업무공백을 메워야 한다. 일이 많아져 정신이 없는데 주변 사람들은 이것저것 요청하며 배려가 없다. 각자의 업무가 바쁘니 마음과는 달리 남의 사정까지 봐줄 여유가 없는 것이다. 예상치 못한 사건이라도 터지면 도무지 관리가 안 된다. 쌓여 있는 일이 불안해 잠을 설치기도 하고 계속 긴 시간을 일하니 체력적으로도 지친다.

중요한 일을 놓치지 않으려고 고군분투하는 책임감 강한 직원은 리더의 입장에서는 물론 고맙다. 하지만 이 상황이 길게 가기는 어렵다. 다행히 후임자가 빨리 채워지면 좋겠지만, 그렇지 않으면 이 직원은 버티기 어렵고 업무효율성이나 몰입은 떨어지기 마련이다.

주요 업무를 담당하는 인사부서 직원이 퇴사하게 되면 당분간 그 역할을 수행해야 하는 직원에게 가볍게 말한다.

"괜찮아요. 직원들 월급만 제대로 나가면 다른 인사업무는 좀 늦어져도 돼요. 사람이 없어 지원 안 되는 업무도 있고 그래봐야 인사부 귀한 줄도 알죠."

직원의 심리적 부담을 덜어주고 싶다. 헌신의 수준이 높은 직원에게는 더욱 그렇다. 당연히 나도 걱정은 된다. 그 많은 일을 어떻게 관리하나 싶지만, 리더가 흔들리면 직원들이 불안해할까 괜찮은 척 허세를 부리는 것이다.

그런데 이 말이 농담만은 아니다. 어차피 모든 것을 다 할 수 없으니 정말 중요한 업무를 하라는 의미다.

《일의 격》(신수정, ㈜턴어라운드, 2018)이라는 책에서 '전략적 무능'이라는 표현을 봤다. 중요한 일이나 잘 할 수 있는 일에 집중하고 나머지 부분은 적당한 수준에서 관리하거나 아예 하지 않는 것이다. 공감한다. 주어진 모든 역할을 잘해내려는 마음에서 벗어나 부지런히 우선순위 설정을 해야 가능한 일이다. 우선순위가 떨어지는 분야는 스스로 무능해지기를 선택해야 한다. 인정받는 직원에게는 익숙하지 않은 경험이겠지만, 이게 일종의 상위버전 유능함이라 말하고 싶다.

실제로 조직변화 시기에 인사파트너로서 지원하는 부서리더에게 기존과 동일하게 인사업무를 지원할 수 없다는 사실을 알리며, 할 수 있는 일과 그렇지 못한 일의 우선순위를 전달했다. 관계가 손상되거나 인사부에 대한 평판이 나빠질까 걱정도 되었지만 전략적 무능을 선택한 셈이다. 처음엔 상대가 서운할 수 있지만 기대수준이 명확히 설정되면 불필요한 시간낭비는 없다. 그 리더는 상황을 이해해 주었고, 덕분에 꼭 해내야 하는 업무에 집중할 수 있었다.

내가 아는 한 리더는 열정적으로 일하는데도 불구하고 사람들이 그와 함께 일하는 것을 선호하지 않는다. 하지 않아도 좋을 일들을 굳이 만들기 때문이다. 조직에서도 의욕 충만한 젊은 팀장들이 일을 벌이느라 정신없는 경우가 있는데, 결국 조직을 지치게 하는 경우가 많다. 스스로 열심히 일하는 유능한 직원들이 있는 조직이라면 더욱 그렇다. 리더의 가장 큰 역할 중의 하나는 부지런한 우선순위 설정이다. 무엇을 할지와 동시에 무엇을 뺄지를 고민하며 없어도 좋을 일을 기어이 찾아내야 한다.

회사에서는 너무 많은 일들이 항상 우리 주위를 분산시키기 때문에, 어떤 일에는 'No'라고 말할 용기Courage to say No가 필요해 보인다.

리더들에게만 맡길 필요는 없다. 때로는 무능해도 괜찮다. 선택만 전략적이면 된다.

chapter 4

다양성

22
'No'라고 말해도 괜찮아

　우리 사회는 다른 것, 튀는 것을 수용하는 데 아직 인색하다는 생각이 든다. 있는 그대로의 자신을 보여주고 남과 다른 의견을 주장하는 데는 용기가 필요하다.

　사람들의 동조현상 실험인 '솔로몬 애시의 선분길이 연구'에 대해 들은 적이 있다. 정답이 뻔히 보이는 쉬운 질문에서 앞서 말한 다수의 답변자가 오답을 선택하면, 나중에 답변하는 사람의 오답률이 훨씬 높아지는 것을 보여준 실험이다. 쉬운 문제라고 생각했던 처음과 달리 다른 사람들의 대답을 들으면서 '남들과 다른 답을 고르면 틀린 걸까',

'이 의견을 말해도 될까' 하는 생각에 주저한다. 속으로는 정답을 확신하지만, 주목받는 게 불편해서, 설명하기 귀찮아서, 만약 실수여도 책임을 혼자 지지 않아도 되니까 그냥 다수의 의견에 동조한다는 것이다. 다수와 다른 의견을 제기하는 한 명만 있어도 마지막 답변자의 정답률은 극적으로 올라간다. 그 한 사람 덕분에 자신의 의견을 솔직하게 말할 용기가 생긴 것이다. "임금님이 벌거벗었다!"라고 외친 동화 속 한 아이가 집단에게 준 용기처럼.

보수적인 남성중심 기업문화를 가진 한 회사에서 첫 여성 인사팀장으로 일한 적이 있다. 회의 중에 잘 모르는 것을 질문하면 "뭐 저렇게 따지는 게 많아" 하는 반응이 돌아왔다. 정말 궁금해서 물어본 것인데 자신들에 대한 도전과 공격으로 느껴졌나 보다. 질문을 하거나 의견을 제시하는데 조심스러워졌다. 반대 의견을 내기는 더욱 어려웠다. 의견에 반대하는 것이 마치 의견을 낸 사람을 반대하는 것처럼 여겨지는 게 장애물이었다. 지루하고 답답했다. 적응하기 힘들었다.

그러다 회사를 옮겼다. 회의에 들어가니 수시로 듣는 말이 'Speak up'이었다. 회의에 참석해 아무 의견도 말하지 않는 사람은 그 회의에 가치를 더하지 않는 사람으로 여겨졌고, 조용히 있으면 내 의견을 직접 물어봐주기도 했다. 대표이사의 채용방식도 남달랐다. 예를 들면, 같은 산업에서 일해본 경험이 없어 조직에 새로운 아이디어와 시각을 더해줄 후보자를 찾아달라고 인사부에 요청했다. 조직 곳곳에 배치된 다양한 사람들 덕분인지 관점이 다른 의견에 열려 있고 의견교환이 활발했다. 조직성과와 구성원 개인의 성장에도 긍정적인 영향을 미쳤다.

'Speak up'은 장려되었지만 반대의견이 존중되지 않는 조직에서 일한 경험도 있다. 비슷한 배경을 가진 사람들이 오랫동안 함께 일한 동질한 집단에서는 자신들의 의견이 표준Norm이고 당연하다고 생각하기 쉽다. "우리 회사에서는 원래 이래"라는 말을 종종 들었다. 신입직원의 신선한 아이디어는 "아직 잘 몰라서"라는 말로 넘기거나, 정착과정의 부족한 지원으로 인한 실패를 산업을 잘 모르는 후보자를 채용했기 때문이라고 판단했다.

다수의 의견에 'No'라고 말하는 것에는 용기가 필요하다. 특히, 내가 약자이거나 소수일 때는 쉽지 않다. 내성적이거나 자존감이 높지 않은 사람에게는 더욱 어려운 일이다. 의사결정 과정에서 우리는 종종 다수의견의 중요성을 강조하지만, 집단지성이 진정한 힘을 발휘하려면 그 집단에 속한 개개인이 독립적인 사고와 판단을 할 수 있어야 하는 것이다. GM의 창업자인 윌리엄 듀런트는 어떤 제안이 만장일치가 되면 의사결정을 보류했다고 한다.《반대의 놀라운 힘》(샬런 네메스, 청림출판, 2020)에서는 "합의가 반대에 부딪히는 순간, 사람들은 독립적으로 사고하게 된다"고 표현하고 있다. 반대의견이 받아들여지지 않더라도 가치가 있다는 것이다.

최근 다양성이 화두다. 조직성과의 힘이 된다고 믿기 때문이다. 반대의견을 말할 수 있는 개인의 용기와 신념도 중요하지만, 다양한 사람들로 조직을 구성하고 각기 다른 개인의 관점을 맘껏 표현해도 안전한 환경을 만들어주는 게 보다 중요하다는 생각이 든다.

누군가와 싸우는 것은 관계를 회복할 수 있다는 자신감

이 있을 때 가능하다. 조직도 구성원 서로가 신뢰하고 심리적 안전감이 높아야 건강한 토론이 활발해진다. 당신의 의견에 당당하게 'No'라고 말하는 사람이 있는가? 당신은 'No'라고 말해도 안전한 조직에서 일하고 있는가? 그게 당신이 속한 팀의 신뢰수준이다.

내가 일하는 조직이, 더 나아가 내가 사는 세상이 각자가 지닌 고유의 가치를 좀 더 수용할 수 있었으면 한다. 소수여서 기회가 없고 약자가 되는 사회가 아니었음 싶다.

23
미친 것처럼 보이는 행동도
이유가 있겠지

"진짜? 미친 거 아니야?"

우연히 옆에 앉은 직원이 통화하는 내용을 들었다.

"뭐가요?"

"친구가 인터넷회사 팀장이거든요. 오늘 한 팀원한테 비가 와서 10시까지 출근하겠다는 연락을 받았대요. 그것 도 카톡으로요. 비가 오면 지하철에 사람도 많고 차도 막히 니 일찍 출발해야지, 비 오니까 10시까지 출근하겠다니 말 이 돼요?"

"그래서 친구가 어떻게 했어요?"

"화가 나서 그냥 맘대로 하라고 했대요."

비가 오는 아침, 30대 초반 밀레니얼 팀장과 20대 중반 Z세대 팀원의 대화다. 미친 거 아니냐며 흥분하는 직원을 보니 귀엽기까지 하다. 30대 직원들은 본인들까지는 앞선 세대와 대화가 통하지만, 요즘 어린 친구들은 다르다는 말을 종종 한다. 조직의 다수이면서 리더십 그룹에 진입하고 있는 30대를 향해, 20대 직원들은 자기들이 꼰대인 줄도 모르는 젊은 꼰대라 표현한다. 90년생을 소화하느라 나는 아직도 노력 중인데 그들은 벌써 세대 갈등을 겪기 시작한 것 같다.

2019년 말에 미국 본사에 출장을 갔을 때, 함께 갔던 직원이 회의에서 만난 동료얘기를 했다.

"제가 몇 년 전에 만났던 남자 직원이 여자가 되어 있어요. 명함에 '나를 그녀 She/Her 로 불러주세요'라는 문구가 있더라고요. 긴 머리에 화장은 했지만 골격이 커서 여장남자 같았어요. 정말 미국은 미국이네요."

내게도 여전히 신기했지만 한편으로는 공적인 환경에서

자신을 당당히 드러내도 문제가 되지 않는 포용의 문화가 부럽기도 했다. 남과 달라서 기회가 없고 약자가 되는 일이 적을 테니 말이다.

내 것을 허물지 않는 젊은 세대를 중심으로 자신을 당당하게 드러내는 변화가 우리 주변에도 보인다. 얼마 전 외국계 화장품회사에 근무하는 한 여직원이 회사 복리후생 혜택인 결혼 경조금을 신청했는데 배우자가 여자였다. 동성간 결혼이 허락되는 미국에서 결혼한 후 혼인증명서를 증빙서류로 제출했다. 직원은 당당하게 본인의 권리를 요구했고, 회사는 당연히 경조금을 지급했다. 그녀는 비난받지 않았고, 한동안 인터넷 뉴스로 회자되기도 했다.

최근에 회사에서 진행된 '다양성/평등/포용'을 주제로 한 웨비나에 참석했다. 진행자가 '내가 소속된 그룹에 대해 다른 사람들이 잘못 알고 있는 것, 편견'을 한 가지 공유해 달라고 요청했다.

"흑인들은 게으르지 않아요Black People are NOT lazy."

"제가 게이 남성으로서 말하고 싶은 건 당신이 여자가

되거나 흑인이 되기를 선택하지 않은 것처럼 우리도 게이가 되기를 선택한 게 아니라는 겁니다It's not a choice as you didn't choose to be woman or black."

"무슬림도 다르지 않아요. 그냥 다 같은 사람이죠We all people. We all same."

아르헨티나에서 성별이 '남녀'가 아닌 'X'로 표시되는 여권발행이 합법화되었다는 뉴스를 보았다. 아르헨티나 총리는 사람은 누구나 사랑하고 사랑받을 자격이 있다는 말로 입법취지를 설명했다. 뉴질랜드에서는 마오리족 출신 여성 앵커가 처음으로 마오리족 전통 턱 문신을 가리지 않고 TV에 등장했다. 그녀는 마오리족에게 희망이 되고 싶어 했다. 물론 다양성과 차이를 어디까지 포용해야 하는지 고민되는 순간도 많다. 나는 팔에 문신이 있다. 개인적으로 성소수자에 대한 적극적 지지자가 아니다. 가끔 '버르장머리 없이' 하는 생각에 욱하지만 MZ세대를 이해하고 소통하기 위해 노력하는 꼰대다. 다만 사람은 누구나 한 인간으로서 존중받을 자격이 있다는 원칙을 지지한다.

인사의 다섯 가지 시선

생각해보니 비가 와서 아침에 10시까지 출근하겠다는 결정은 합리적인 면도 있다. 물론, 의사전달방식과 조직문화, 리더와의 신뢰관계 등이 함께 고려되어야 하겠지만. 소수라서, 처음이라서 움츠러들기보다 당당히 자신의 의견과 권리를 주장하는 MZ세대가 다양성을 인정하는 사회로의 변화를 주도해주길 기대한다. 개방되어 있어서 오히려 나누어지지 않고 소속감과 심리적 안전감을 느끼는 그런 조직으로. 기성세대가 균형감을 갖도록 도와주는 일도 필요해 보인다. 우리는 다른 나라보다 훨씬 동질적인 사회지만 여전히 세대나 성별 등을 이유로 갈등이 존재하니 말이다.

조직생활은 달라서 미친 것처럼 보이는 사람들 때문에 힘들기도 하지만 그래서 재미있기도 하다. 비슷한 사람들만 모여 있는 조직은 생각만 해도 지루하기 짝이 없다.

24
새로운 공간이 자극하는 소통

2017년 다니던 회사에서 사무실을 이전하며 애자일 오피스Agile Office를 구현한 경험이 있다. 애자일 오피스는 영어단어 'Agile'의 뜻처럼 '민첩한' 의사결정과 자유로운 소통이 가능한 사무공간을 지칭한다.

애자일 오피스는 다양한 부서 젊은 직원들로 구성된 프로젝트팀의 집단지성이 만들어낸 결과였다. 프로젝트팀은 물리적으로 멋지게 설계된 디자인 이전에, 일하고 싶은 업무환경과 문화라는 보다 근본적인 주제로 접근했다. 비슷한 콘셉트의 타 회사 사무실을 직접 방문해서 벤치마크

도 했다. 그렇게 찾아낸 그들이 원하는 일하는 방식이 소통Communication, 연결Collaboration, 유연함Flexibility과 신뢰Trust였다.

아무도 정해진 자리 없이 매일 본인이 원하는 좌석 아무데나 앉아 자연스럽게 다른 부서 직원들과 연결된다. 집중해서 혼자 할 업무가 있는 날은 비행기 일등석 같은 창가 일인 좌석에 자리를 잡는다. 많은 사람과 소통하며 편하게 업무를 볼 때면 넓은 공유테이블로 간다. 자리가 바뀔 때마다 개인짐을 옮기기 불편한 사장님이 캐리어를 끌고 출근하는 모습은 성공적인 애자일 오피스의 상징과도 같았다. 개인공간이 없어지니 쌓였던 종이서류도 사라졌다. 민감한 대화를 하게 되는 인사부나 회사기밀을 다루는 법무팀의 임원도 개인 사무실은 없다. 불편한 점도 있었지만 리더들의 반대는 없었다. 오히려 직급이 높은 임원이 바로 옆자리에 앉을 수도 있다는 사실에 "저희에게 왜 이러세요? 그분들은 방으로 들어가시면 안 될까요?" 하며 직원들이 불평 섞인 농담을 할 정도다.

10년 전쯤 사무실 방문이 드문 영업부 직원들의 자리

를 공유데스크로 변경했을 때, 영업매니저들의 거센 저항이 있었던 것과는 시대가 달라져 있었다. 서서 회의하는 테이블은 미팅의 효율성을 높였다. 벽이 없는 회의실 덕분에 직원들은 보다 많은 정보를 접할 수 있었다. 팀원들이 각자 원하는 공간에서 일하며 온라인으로 소통하는 환경에서 부서장이 출퇴근 시간을 체크하는 관리는 더 이상 불필요했다. 물리적으로 함께 있지 않아도 서로 연결되어 있었고 업무 생산성도 높았다.

코로나가 시작되며 많은 기업에서 재택근무를 시행하고 있다. 애자일 오피스 환경에 익숙한 직원들에게 재택근무나 줌Zoom과 같은 툴을 활용한 웨비나는 어렵지 않은 변화였다. 광범위한 재택근무시행에 앞서 직원 성과관리 지침이 포함된 매니저 가이드라인을 만드는 과정에서 30대의 한 팀장이 의견을 제시했다.

"세부적인 관리지침은 성과관리가 본인들 스스로의 책임이라는 인식을 희석시키는 것 같습니다. 안전Safety을 위한 지침은 강조해야 하지만, 성과에 대한 오너십은 각자에게 부여했으면 합니다."

재택근무가 길어지면서 기업마다 근태관리와 평가의 공정성이 화두지만 결국 직원들에 대한 신뢰가 해결의 출발이었다. 초반의 우려와는 달리 대부분의 직원들은 새로운 환경에 유연하게 대처하며 결과를 만들어냈다. 불필요한 회의가 줄어들고 억지로 참석해야 하는 회식이 없어서 편하다는 피드백도 많았다.

최근에 전 직원 송년파티가 온라인으로 진행되었다. 사회자는 각자의 공간에서 접속한 직원들의 화면 속 모습으로 가득 찬 무대에서 행사를 진행했다. 물리적으로 떨어져 있지만 채팅창, 공감 이모티콘, 가상 배경화면 등으로 긴밀하게 소통하며 연결되어 있었다. 본행사가 시작되기 전에는 메타버스 플랫폼에서 연말 우수성과 수상자들을 소개하는 이벤트도 있었다. 자신만의 개성을 표현하는 아바타로 가상의 메타버스 세상에 입장해서 수상자들의 사례를 둘러보며 게임을 즐겼다. 다양한 색깔의 헤어나 개성강한 액세서리로 맘껏 꾸밀 수 있는 메타버스 안에 복장규정 따위는 없다. 남자가 여자캐릭터를 선택할 수 있는 메타버스 공간에는 직급이나 나이도 존재하지 않는다. 그냥 출근하듯이 메타버스에 입장해서 함께 소통하며 즐길 뿐이다.

공간은 구성원들의 소통과 상호작용을 자극한다. 30대 리더들이 늘어나고 그보다 젊은 20대 직원들이 빠르게 기업으로 진입하면서, 그들이 주도하는 소통은 환경변화와 맞물려 훨씬 더 애자일해지고 있다. 혁신적인 상호작용이 가능한 공간에서 인간적인 따뜻함이 공존하는 소통으로의 진화는 어떤 모습일지 기대해본다.

25
타인을 포용하고
소수와 동맹 맺기

미국의 9·11테러 20주년이라는 기사를 봤다. 벌써 시간이 그렇게 지났구나.

9·11테러가 벌어지던 해에 나는 미국에서 대학원과정 마지막 학기를 보내고 있었다. 등교준비를 하며 TV로 접한 생생한 현장중계에 처음엔 영화 속 한 장면인 줄 알았다. 학교는 뒤숭숭했다. 수업에 들어온 교수는 "오늘은 자기 생애 오래도록 기억될 슬픈 날이어서 수업을 할 수 없다"는 말을 남기고 강의실을 떠났다. 미국인들은 국민적으로 분노하고 있는 듯했고, 힘없고 혼자였던 외국인인 나는

뭔가 불안한 기분이 들기도 했다.

어느 날 친구의 차를 타고 학교로 향하고 있는데, 경찰이 스쿨존에서 우리 차를 세우더니 친구에게 면허증을 요구했다. 분명히 규정속도 이하로 달렸는데 속도위반이 아니냐며 한동안 다그치다가 주의를 주더니 사라졌다. 강압적으로 말하는 그들의 모습이 위협적이었다. 최근 미네소타에서 경찰의 과잉진압으로 죽은 흑인청년 사건처럼 미국 경찰은 교통단속 중에 불응하는 시민에게 실탄을 쏘기도 하니 말이다. 친구는 화가 나 있었다. 떠난 경찰을 향해 욕도 했다. 큰 체격에 입체적인 얼굴을 가진 인도인 친구는 흡사 아랍인의 모습과도 닮아서 자신에게 일부러 그랬다는 것이다. 그런 일이 처음이 아니었던 모양이다.

학기가 끝나 졸업을 앞둔 나는 미국에 정착하기로 마음먹고 취업을 준비하고 있었는데, 집에서 연락이 왔다. 오빠가 사고를 당해 의식불명 상태였다는 소식이었다. '오빠가 그대로 죽으면 어쩌지' 하는 생각에 졸업식도 참석하지 않고 당장 한국행을 택했다. 알바를 하며 학비를 충당하던 가난한 유학생이라 인터넷을 뒤져 찾아낸 저가의 항공권은 세

번을 갈아타야 하는 것이었다. 물건정리 할 시간도 없이 소위 이민가방이라 불리는 큰 가방에 마구 쑤셔 넣은 무거운 짐을 들고 여러 번 탑승수속을 하는 일은 만만치 않았다.

9·11테러가 일어난 지 얼마 지나지 않아 공항검색은 삼엄했다. 미국시민 사회보장카드가 아니라 여권을 신분증으로 내미는 외국인에게는 더욱 그랬다. 공항검색대에서 매번 가방을 바닥까지 쏟은 후 다시 담아야 했다. 세 번째 가방을 쏟으라는 요청을 받았을 때는 바로 전 공항에서 했다고 항의도 해봤지만 소용없었다. 짧은 환승 시간 내에 가방에 몸을 구겨 넣어 짐을 꺼내다 보니 여기저기 긁히고 멀미가 났다. 바닥에 흩어진 짐의 몰골이 민망했다. 이른 새벽부터 비행기를 타느라 쫄쫄 굶어 배도 고팠다. 눈길조차 주지 않는 자비 없는 얼굴에 서러웠다. 창피한 줄도 모르고 공항 바닥에 주저앉아 엉엉 소리 내서 울었다. 그 따위 알량한 애국주의에 사람을 이렇게 차별하는 거지 같은 나라에 내가 다시는 오나 봐라. 원망 가득한 마음이었다.

그런데 20년이 지나 9·11테러 소식을 다시 접하면서 문득 이런 생각이 든다. 나에겐 그저 무심히 흘러간 20년이 사랑하는 가족을 잃은 그들에겐 얼마나 생생하고 아픈 시간이었을까? 화를 내는 그들의 분노 뒤에 숨은 슬픔과 상처 입은 자존심을 왜 생각해보지 못했을까? 오빠의 죽음을 걱정하던 나처럼 그들도 가족을 잃은 슬픔에 아파하는 똑같은 사람들인 것을 잊고 있었다. 그냥 미국인에게 일어난 나와는 관계없는 일처럼 여겼을지도 모르겠다.

그들이 나를 차별하고 포용하지 않은 것이 아니라, 오히려 내가 그들을 포용하지 못하고 있었던 것이다.

회사에서 리더십 워크숍을 하면서 소외감을 느꼈던 순간을 공유하라고 하면, '회의에서 아무도 나의 의견을 묻지 않을 때', '점심시간에 나한테만 같이 먹자고 하지 않을 때', '나는 모르는 주제를 함께 얘기할 때' 등 다양한 얘기가 나온다. 반대로 본인이 누군가를 포용하지 않은 경우를 공유하라고 하면 얘기가 별로 없다. 누군가를 소외시킬 의도는 없지만, 그럴 수도 있다는 인식이 아직 우리 모두에게 부족한가 보다.

　인사의 다섯 가지 시선

다국적 기업에서 일하며 'Diana'라는 이름을 오랫동안 써왔다. 개인적인 의미도 있지만 편하다는 이유가 더 크다. 대부분의 영어권 외국인들은 내 이름 '은미'의 '으' 발음을 정확히 하지 못한다. 애매한 발음을 교정해주기 귀찮아 그냥 'Diana'로 부르라고 한다.

미국에서 공부하던 시절 유택 박사Dr. Utech라는 마케팅 담당 교수가 첫 수업이 끝난 후 다가와 내 이름을 묻고 반복해서 발음하며 발음기호까지 표시해가더니, 학기 내내 정확히 한국이름을 불러줬던 기억이 있다. 그는 모든 인터내셔널 학생들에게 그랬다. 존중받고 있다고 느꼈다.

그러고 보면 누군가를 포용Inclusion하고 소수의 편을 들어주는 동맹Allyship에 거창한 행동이 필요하진 않다. 회의 시간 내내 조용한 동료에게 의견을 물어봐주는 것. '여자라서', '어려서'같이 편견일 수 있는 시각에 질문을 던지는 것. 반대의견을 가진 사람의 생각을 듣는 것. 생각보다 작은 행동에서 비롯된다.

생각해보니 나도 놓치고 있는 게 많다. '태국이름은 너무 어려워'로 변명하지 말고 존경하는 동료인 '사라웃Sara-woot Lerdmaleewong'의 성을 어떻게 발음하는지 꼭 물어봐야겠다.

인사의 다섯 가지 시선

26
유익균에 먹이주기

어릴 때부터 마른 체형이어서 살이 찔 거라고 생각조차
해보지 않았는데, 핑계 같지만 나이가 드니 자꾸 살이 찐
다. 기운도 없고 체력이 확확 떨어지는 게 느껴진다.

옆에 있는 동료가 확신에 찬 눈빛으로 유산균을 먹으라
며 권한다. 다이어트에 대한 관심과 함께 장내환경과 장내
세균에 대한 얘기가 심심찮게 매스컴에서 나오고 있는데
꾸준히 먹어볼까 싶기도 하다. 그녀는 평소에도 유산균 예
찬론자다. 다이어트를 원한다는 사람, 소화가 안 된다는 사
람, 심지어 피곤하다는 사람에게도 유산균을 권한다. 그녀

의 말을 듣고 있으면 마치 유산균이 만병통치약이라도 되는 느낌이다.

　다이어트나 건강을 위해서는 장내 세균이 중요하다. 장내 세균은 몸에 좋은 유익균, 해로운 유해균, 그리고 우리 몸에서 가장 큰 비율을 차지하는 중간균으로 구성되어 있다. 중간균은 장내 환경에 따라 유익균이 되기도 하고 유해균이 되기도 한다. 중간균이 유익균 편이 되면 우리 몸의 면역력이 향상된다. 반대로 유해균 편이 되면 각종 장 질환을 발생시킨다. 건강한 장 환경을 위해서는 유익균과 유해균의 공존이 필수이고, 적절한 황금비율인 유익균 25%, 유해균 15%, 중간균 60%로 존재하는 것이 좋다. 유익균은 많을 수록 좋고 유해균은 아예 없애 버리고 싶은 마음인데 우리 몸은 대체로 '균형'을 지향하는 것 같다. 유해균을 줄이려면 굶지 않고 운동하며 스트레스 관리를 해야 한다. 그녀가 사랑하는 유산균에는 유익균의 먹이가 들어 있다.

　조직도 결국 장내 환경과 유사하다며 그녀는 마침내 부서원들을 분류해보기 시작했다. 각 직원들을 긍정에너지,

역량, 조직가치와 방향성에 대한 수용도 등 몇 가지 기준으로 유익균, 중간균, 유해균 그룹으로 분류했다. 직원들을 평가하는 과정에서 본인의 개인적인 의견만 반영되지 않도록 인사부를 포함한 함께 일하는 다양한 부서의 피드백도 들었다.

회사에는 성과평가와 잠재력을 기준으로 핵심인재를 분류하는 체계가 있다. 이 선발 기준과는 다른 본인만의 시각이었지만, 조직 내에는 다양한 사람이 존재하고 모두가 유익균 같은 사람일 수 없다는 점에서 적절한 비유라는 생각도 들었다.

그녀는 본인 부서를 건강한 장내환경과 같은 조직으로 만들기 원했고 이를 위해 부단히 노력했다. 유익균으로 분류된 직원들과는 잦은 일대일 미팅을 하면서, 성공경험을 창출할 수 있도록 적극적으로 지원했다. 확실한 보상을 해주는 것으로 중간균 그룹 직원들의 성공열망을 자극했다. 유익균 역할을 하는 직원을 늘리기 위해 먹이가 되는 식이섬유 같은 외부 인재를 적극적으로 영입했다. 유해균에 속

한 직원들은 역할이나 담당고객을 바꾸는 방법 등으로 타이트하게 관리했다.

그 부서가 건강한 방법으로 다이어트에 성공해가는 모습을 보며, 유산균을 권하던 그녀의 모습이 다시 떠올랐다.

당신은 스스로 어디에 속하는 사람이라고 생각하는가?

27
자기를 악당이라고
생각하는 사람은 없어

세상을 소수로 살아가는 일은 쉽지가 않다. 워킹맘이든, 비혼이든, 그게 무엇이든.

술만 마시면 직원들에게 전화를 해대는 또라이 상사와 일을 한 적이 있다. 늦은 시간에 술에 취해 전화로 넋두리를 하며 본인의 진심을 호소했다. 직원들이 모이면 그 상사 뒷담화로 시간이 부족할 정도였다. 그런데 직원들과 얘기하다가 우연히 그 사람이 결혼한 여직원들에게는 전화하지 않는다는 것을 알게 되었다. 술에 취해 자신이 한 실수를 기억조차 못 할 지경이면서도 배우자가 있는 집에는 밤늦게 전화하면 안 된다는 것을 구별해서 행동했다는 사실에 묘하게 기분이 상했다.

사회생활을 하면서 결혼하지 않아 보호받지 못한다고 느껴지는 순간이 있다.

"집에 가서 할 일도 없잖아. 기다리는 사람도 없는데 뭘 그렇게 일찍 가려구 그래?"

회식이 있는 날이면 자주 듣던 말이다.

골프가 끝난 후 그룹의 한 남자가 같은 동네에 사는 여자 멤버와 나를 차로 바래다준 일이 있다. 유부녀인 그녀와 헤어지며 유쾌하고 정중하게 악수를 한다. 나와 헤어지는 순간 장난하듯 껴안으며 인사를 한다. 그는 나를 여자로 좋아하는 것도 아니고, 우리는 가까운 사이도 아니었다.

친절하게 대하면 본인에게 관심 있는 줄 안다. 조심하며 거리를 두니 "저렇게 일에만 빠져 쌀쌀맞게 대하니 결혼을 못했지" 하는 얘기가 들린다. 어쩌라는 건지. 무심한 척 지나쳤지만 상처받았다.

혼자 살면서 난감한 순간은 의지와 상관없이 혼자서는

할 수 없는 일을 만날 때다.

갑상선암 수술을 앞두고 대기환자 침대에 누워 있었다. 수술만으로도 긴장되는데 사전에 요구되는 절차가 많아 정신이 없었다. 간호사들도 그래 보였다.

"수술동의서 쓰셨어요?"

"네."

보호자로 따라간 언니가 대답했다.

"남편 어디 계세요? 언니보다는 남편분이 사인해주세요."

"결혼 안 했는데요."

간호사가 나를 한 번 쳐다보더니 수술동의서를 들고 바삐 간다.

이런 어려움은 비혼인 나의 얘기만은 아닌 것 같다.

작년 말 코로나가 한창인 시기에 굳이 오프라인 면담을 요청한 부서의 한 여성 팀장이 내게 임신 사실을 전했다. 진심으로 축하한다며 건강관리 잘하라는 내 말에 그녀는 바쁜 시기에 너무 죄송하다는 대답을 한다. 얼굴이 밝지가 않더니 급기야 눈물까지 보였다.

"남편도 좋아하고 시댁과 친정 식구들 모두 기뻐하며 축하한다고 말하는데, 저는 솔직히 그들이 이기적이라는 생각이 들었어요. 첫째를 키워보니 아이를 키우는 일은 엄마의 절대적인 희생이 오롯이 필요하더라구요. 커리어 성장기회가 많은 중요한 시기인데 너무 속상해요."

첫째가 이미 자란 상황에서 예상치 못한 다소 늦은 나이의 출산, 처음엔 좀 당황스러웠나 보다.

우리나라 최고의 한 병원 의사인 지인이 육아휴직을 신청했다. 원래는 일 년 정도를 계획했지만 상황이 여의치 않아 결국 6개월을 휴직한다. 담당과목도 병원의 주류가 아니고, 여성교수가 없는 과여서 소수 중의 소수라고 말하던 그녀는 병원 최초로 육아휴직을 신청한 교수가 되었다. 동료 여자교수에게 정말 휴직을 할 거냐는 걱정 섞인 질문을 받기도 했다.

선택에는 좋은 것과 나쁜 것이 공존한다. 그냥 각자의 선택에 책임을 지면서 사는 거다. 그런데 선택하지 않아서 경험하지 못한 삶은 이해가 부족해서인지 편견을 가지게 되거나 배려하지 못할 때가 있다. 소수인 경우는 이해 받기 더욱 힘들다.

다행인지 혼자 사는 사람이 더 이상 소수가 아니고 사회의 시선도 너그러워졌다. 무엇보다 이제는 안다. 대부분의 경우 배려 없이 느껴진 그들의 행동에 나쁜 의도가 없었다는 것을. 상처 줄 생각은 더더욱 아니었다는 것을. 나 역시 나도 모르는 편견과 무신경함으로 타인에게 수없이 상처를 줬다는 것을 말이다.

회사에 '이해의 날Day of Understanding'이라는 행사가 있다. 관심 있는 직원들이 모여 '조직 안에서의 여성'이라는 주제로 각자의 경험, 어려운 점, 바라는 것들을 얘기하며 그야말로 서로를 더 잘 이해하기 위한 자리다. 여직원들의 사례와 젊은 직원들의 의견을 내내 듣고 있던, 은퇴가 얼마 남지 않은 생산팀장이 말한다.

"나는 여직원을 차별하거나 임신한 여직원에게 무례하게 대하지 않았다고 생각하는데, 혹시라도 그런 일이 있다면 앞으로는 말해주세요. 그냥 지나가면 또 모르니까 꼭 알려주세요. 그러면 미안하다고 말하고 고치겠습니다."

너무 솔직하고 순수한 사과에 참가자들이 웃었지만 마음은 훈훈했다.

세상에 자기 스스로를 악당이라고 생각하는 사람은 드물다. 대부분 작정하고 타인을 아프게 하지는 않기 때문일 거다. 내가 가진 편견이 누군가를 상처 입힐지도 모른다는 인정이 바로 시작이다. 타인을 향한 약간의 배려만 더 한다면 상황은 훨씬 나아질 수 있다. 실수했다는 걸 알게 되면 사과하고 고치려는 노력이 중요하다.

28
먼지차별

회사 내 아시아태평양 지역에 근무하는 모든 인사부 직원들과 함께 온라인 워크숍에 참가할 기회가 있었다. 워크숍에 앞서 국적이 다른 네다섯 명의 멤버로 구성된 소그룹에 사전과제가 주어졌다. 과제는 마케팅 포지션의 직무기술서와 한 후보자의 이력서를 바탕으로 해당 후보자를 채용할 것인지에 대한 그룹의 의견을 모아 발표하는 것이었다.

워크숍에서 각 조는 순서대로 본인 그룹에 할당된 후보자의 주요 이력과 강약점, 채용여부에 대한 의사결정과 그 이유를 발표했다. 조마다 서로 다른 다양한 의견이 나왔다.

참가자 모두가 실제로 채용업무에 관여하는 인사부 직원이다 보니 다른 조가 발표할 때마다 열띤 피드백이 오갔다.

조별발표가 모두 끝난 후 워크숍 진행자가 각 그룹에 할당된 후보자가 동일한 이력서의 같은 사람이라는 사실을 공개했다. 젊은 동양인 여자, 양복을 말끔하게 차려 입은 백인 남자, 인상이 강한 흑인 남자 등, 후보자의 사진만 제외하고 모든 이력서는 같은 내용이었다.

뭔가 속은 느낌이고 당황스러웠다. 인사부대상 면접교육이라고 생각했었다. 평가자의 편향을 방지한 공정한 채용, 다양한 사람의 포용을 강조하는 인사부 직원인 우리 스스로가 편견에 사로잡혀 있음을 여지없이 인정하게 되는 순간이었다. 인사담당자로서 내가 지향하는 모습은 '공평함, 다양성, 그리고 포용을 지지하는 사람'이지만, 현실의 나는 그렇지 못한 순간이 많다. 다시 한 번 나를 돌아보며 경계하는 기회가 되었다.

'먼지차별Micro-aggression'이라는 말이 있다.

한 언론 보도에서 접하게 된 표현이다. '아주 작은 공격'

이라는 뜻으로 눈에 잘 띄지 않지만 우리 주변에 먼지처럼 쌓여 있는 유해한 행동을 의미한다. 사소하고 미묘한 행동일 수 있지만 대상자에게 차별이 될 수 있는 발언이나 행동이다. 예를 들면, 아파트 단지에 유치원 통학버스 정류장 이름이 '맘스 스테이션Mom's Station', 즉 엄마와 정류장의 합성어다. 육아가 마치 여성들의 전유물인 것으로 오해를 불러일으킨다는 여성계의 반발로 서울시는 최근 이 정류장 이름을 '어린이 승하차장'으로 변경하도록 권고했다고 한다.

회사 안에서도 먼지차별은 곳곳에 존재한다. 남성들이 흔히 하는 말 중에 여성 직원들이 정말 싫어하는 표현 중의 하나가 "여자의 적은 여자다"라는 것이다. 여자 직원이 남자동료와 갈등이 있을 때는 그냥 서로 사이가 좋지 않거나 이해관계가 대립되는 것으로 본다. 여자와 여자가 갈등이 있을 때는 '여자의 적은 여자'라는 표현을 쓰며, 마치 별 것 아닌 일로 여자들끼리 날카롭게 구는 것처럼 취급하는 경우를 종종 본다. 나쁜 의도가 없다는 것은 알지만 기분은 상한다.

그런데 생각해보니 나도 이런 실수를 종종 한다.

"덩치는 산만해가지고 무슨 남자가 이렇게 힘이 없어?"

"남자가 왜 이렇게 운전을 못하냐."

점심식사 메뉴를 고를 때 "아~ 난 결정장애야."

《선량한 차별주의자》(김지혜, 창비, 2019)의 저자는 '장애'라는 말이 이미 '열등함', '부족함'의 의미를 담고 있어 '결정장애'가 혐오표현의 하나임을 지적한다. 저자가 언급한 것처럼 "대부분의 사람들은 차별을 하지 않으려 하지만, 내가 차별하지 않을 가능성은 거의 없다"는 사실을 인정하게 된다.

사람은 일반적으로 내가 한 행동은 '의도'를 중요하게 여기고, 타인의 행동은 그 '임팩트' 자체로 판단한다. "무슨 농담을 다큐로 받아~ 그런 뜻은 아니었어." 하면서 쉽게 넘어가면 안 될 것 같다. 상처 줄 생각이 없었다는 것만으로는 충분하지 않다.

회사는 성장 배경, 교육 환경, 세대, 성별이 각기 다른 다양한 사람들이 모여 있는 조직이다. 다양한 사람들이 모여 있는 조직이 진정으로 다양성을 포용하려면 나의 말과 행동이 미치는 효과에 대해 모두가 감각을 켜고 있어야 한다.

나도 편견이 있다. 나도 차별을 하는 사람이다.

PART 3

일로
나의 삶을
살기

chapter 5

29
선한 것들이 부딪힐 때

"왜 우리 회사에 지원하셨어요?"

면접에서 자주 묻는 질문이다. 어느 회사이든 일단 합격해서 취업을 하고 싶은 게 지원자의 솔직한 심정일지 모른다. 그래도 답변은 언제나 멋지고 심오하다.

"물을 비롯한 바이탈에너지를 절약해서 지구 환경을 보호하는 역할을 하는 이 회사가 정말 맘에 들었습니다."

"환자 중심의 가치를 실현하는 일에 저도 기여하고 싶습니다."

그러면 나는 이어서 질문을 한다.

"그게 본인에게 왜 중요한가요?"

기업마다 사명과 추구하는 방향에 대한 가치Value가 존재한다. 실행 정도는 기업마다 다르지만 내세우는 가치 자체는 다 멋지고 선한 것들이다. 그런데 보다 중요한 건 회사의 가치보다는 내가 개인적으로 삶에서 가장 귀하게 여기는 가치라고 생각한다. 내 가슴을 뛰게 하는 인생의 가치관과 닮아 있는지가 내가 하는 일, 내가 일할 곳을 선택하는 가장 중요한 기준이어야 하지 않을까?

오래전에 한 회사에서 입사제의를 받고 연봉계약서에 사인을 했다. 이 회사의 면접과정이 거의 끝나갈 무렵 또 다른 회사에 기회가 있어 면접에 동시에 응했는데, 첫 번째 회사와 고용계약을 한 며칠 후 두 번째 회사에서도 입사제의를 받았다. 경험하지 못한 산업, 도전적인 환경, 전략적 변화관리의 과제를 안고 있는 두 번째 회사에 더 마음이 갔다. 힘들겠지만 '성장'할 수 있을 것 같았다. 마음이 불편했다. 좋은 기회를 제시한 첫 번째 회사와의 '약속'을 저버리기도 싫었고, 두 번째 회사에서의 '성장' 기회를 포기하는 것도 내키지 않았다.

선한 가치와 악한 가치가 부딪히는 경우는 오히려 선택이 쉽다. 악한 가치를 따르며 집요하고 성실하게 나쁜 행동을 하는 사람은 별로 없다고 믿는다. '신뢰'와 '배신' 중에서 '신뢰'를 지키는 쪽을 선택하는 일은 '사랑'과 '우정'이 양립할 수 없을 때 한 가지를 선택하는 것보다 쉬운 일인 것처럼.

그래서 어려웠고 많이 고민했다. '약속'을 지키는 것과 '성장'을 지향하는 것 사이에 한 가지만 선택할 수 있었다. 결국 첫 번째 회사와의 '약속을 깨고', 변화와 위험을 감수하며 '도전 속에 성장'해야 하는 두 번째 회사에 입사했다.

나를 믿고 기회를 준 리더들, 시간을 허비하고 다시 후보자를 찾아야 하는 담당자에게는 몹시 미안한 일이었지만 타협할 수 없었다. 인사업무를 하는 내 자신의 소중한 가치는 '나의 성장'과 '타인의 성장'이다. 그것이 이 일을 하는 자부심과 보람이다.

대체로 담배회사는 급여나 복리후생 수준이 타산업군

에 비해서 높다. 다양한 직무이동과 해외파견 등의 커리어 개발 기회도 많다. 그런데 열심히 근무해온 우수한 인재들이 이직을 고민하는 시기가 있다. 아이가 커서 부모가 어떤 회사를 다니는지 인지하기 시작하는 경우라고 한다. "우리 아버지는 지구를 지켜요" 하는 어느 회사의 광고처럼 '개인의 성장', '고소득'이라는 가치와 '자랑스러운 부모'가 양립하기 어렵다고 판단될 때 선택을 고민한다.

내 삶의 더 높은 가치는 선한 것들끼리 부딪힐 때 분명해진다.

도저히 포기가 안 되는 가치는 무엇인가? 무엇이 가슴을 뛰게 하는가? 어떤 것을 할 때 재미있고 유능하다고 느껴지는가?

평생 이 일을 하지 않더라도 이곳에서 배운 일의 가치와 경험, 이곳에서 만난 사람들은 앞으로 오랫동안 내 인생에 남게 된다. 그러니 회사를 선택하는 기준은 회사의 가치가 아니라 나 자신에게 중요한 개인적인 가치여야 한다.

30
그럼에도 불구하고,
일은 삶의 성장이다

사범대에 입학해 교사를 꿈꾸던 대학 신입생 때 봤던 〈죽

〈죽은 시인의 사회〉

은 시인의 사회〉의 '키팅' 같은 멋진 선생님이 된다는 상상만으로도 설레는 일이었다. "Carpe diem – 지금 이 순간에 충실하라"는 미래를 위해 현재를 희생하며 살던 내게 해주는 말 같았다. 학생들을 지키기 위해 학교를 떠나

기로 결정한 키팅 선생이 수업 중인 교실에서 짐을 찾아 나
갈 때, 학생들이 책상 위로 올라가 "캡틴, 오 마이 캡틴!"을
외치며 존경을 표하는 장면에서는 눈물을 글썽이기도 했다.

마음을 사로잡은 관전 포인트는 맨 처음 책상 위로 올
라간 학생이다. 멋진 시를 쓰고도 발표조차 못하던 이 소
심한 학생은 짐을 싸고 있는 키팅 선생이 계속 신경 쓰인
다. 미안하다고 말하려던 학생이 교장에게 강한 제지를 당
하자 더욱 위축이 된다. 두려움을 이기고 마침내 제일 먼
저 '캡틴'을 외친 이 학생의 행동이 다른 학생들의 용기를
부추겼다.

나는 옳다고 믿는 신념을 지키기 위해 어디까지 감수할
수 있을까?

멋지게 성장한 이 학생은 내 커리어에 영감을 준 두 번
째 영화에도 출연했다. 섬세한 얼굴선을 가진 배우, 에단
호크가 출연한 〈Before Sunrise〉다. 여행 중에 기차에서 우
연히 만난 젊은 남녀가 짧지만 열정적이고 아름다운 사랑
을 하게 되는 이야기다. 낯선 곳에서 온전히 나를 마주하게

〈Before Sunrise〉

되는 경험, 멋지다! 취업을 위한 스펙쌓기가 아니라 여행을 하며 낯선 사람들과 소통하기 위한 영어공부는 즐거웠다.

글로벌 기업에 입사해 수많은 나라에 출장을 다녔다. 영어신문을 읽으며 호텔에서 여유롭게 조식을 즐기는 상상 속 출장과는 전혀 다른 숨 가쁜 일정들이지만, 다양한 나라 사람들을 만나 새로운 생각을 배우고 친구가 되어가는 과정은 삶이 성장하는 여행 같았다.

기업에서 인사업무를 처음 경험하며 좌충우돌 부딪히는 실수가 많았다. 친절하고 대인관계 좋은 이미지를 인사담당자의 대표적인 모습으로 여기고, 전략적 인사관리 문화가 정착되지 않았던 시절이었다. 적극적인 모습은 때로는 공격성으로, 비즈니스에 대한 관심은 사람에 중심을 두

지 않는 인사담당자로 지나
치게 왜곡되기도 했다. 경쟁
을 피하지 않는 성향의 여자
여서 더 그랬는지 모르겠다.

깊고 넓은 인사담당자로
성장하기 위해 치열하게 노
력해가는 여정에 너무 억울
하고 좌절하고 싶은 순간이
올 때면, 가끔 그들이 원하

〈친절한 금자씨〉

는 대로 친절해졌다. 〈친절한 금자씨〉의 "너나 잘하세요"
를 되뇌며.

내가 가장 좋아하는 슈퍼히어로는 단연 '스파이더맨'이
다. 다른 영웅들은 왠지 거리감이 느껴진다. 슈퍼맨은 지구
인이 아니고, 배트맨은 가까이하기엔 너무 부자다. 어벤저
스 히어로들은 많아서 일일이 기억하기 힘들다. 백인일색
히어로들 사이의 흑인영웅 블랙팬서에게 살짝 마음이 가기
는 하지만.

〈스파이더맨〉

평범한 대학생이 거미에 물려 엄청난 힘을 가지게 된 후, 인간적인 고뇌와 책임 사이에 갈등하는 모습에 공감이 갔다. "Great power comes great responsibility - 엄청난 힘에는 큰 책임이 따르는 법이야."

여러 사람을 이끄는 리더가 되고 보니 혼자 일할 때와는 비교하기 힘든 책임의 무게가 느껴졌다.

인간의 기억마저 AI에 의해 통제되는 가상현실 '매트릭스'에서 인류를 구할 마지막 영웅 '네오'에게 '모피어스'는 두 가지 색깔의 알약을 건넨다. 편하게 살 수 있지만 영원히 진실을 외면하게 되는 알약과 잔인한 진실과 마주해야 하는 알약 사이의 선택이다.

리더는 끊임없이 선택을 해야 하는 역할이다. 매 순간

인사의 다섯 가지 시선

의사결정이 미치는 영향이 크다. 한 사람 인생을 좌지우지할 수도 있겠다 싶다. 누군가의 자존감에 물을 주기도 하고 송두리째 흔들 수도 있다.

〈매트릭스〉

나는 리더로서 어떤 의사결정을 하고 있을까?

〈인턴〉은 로버트 드니로의 자연스런 연기가 압권인 영화다. 수십 년 직장생활의 노하우와 경험을 가진 노련한 인턴 '벤'은 어린 CEO '줄스'나 동료들을 가르치려고 들지 않는다. 나이로 윽박지르지도 않는다. 팔꿈치로 툭 한 번 쳐주는 넛지 Nudge 같은 대화로 스스로

〈인턴〉

성장할 수 있도록 도와줄 뿐이다.

"경험은 나이 들지 않아요. 경험은 결코 시대에 뒤떨어지지 않거든요."

일과 삶의 여정에서 만난 좋은 사람들 덕분에 쌓게 된 경험을 나도 다른 사람들에게 '벤'처럼 돌려주고 싶다.

이렇게 계속 진화하다 보면 언젠가는 열심히 산 내 인생을 스스로 토닥일 수 있게 되지 않을까?

지금 하는 일이 단지 밥벌이를 위한 것이든, 직장이 잠시 머무는 공간이든, 아무튼 의미는 있다. 오늘 내리는 결정, 배우는 경험, 만나는 사람이 내 존재에 영향을 미친다. 때로는 힘들지만 일을 통해 삶은 성장한다.

31
Keep your chin-up!

인터내셔널 동료에게 배운 건배사가 있다. Keep your chin-up. 한국 사람들이 '파이팅'을 외치는 것과 비슷하게 '힘내자'는 의미인데 맘에 쏙 드는 표현이다. 단어 그대로가 주는 뜻이 '아래턱을 한껏 치켜든 당당한 모습'을 연상시켜 기분이 좋아진다.

미국을 제외한 전 세계 비즈니스를 총괄하는 글로벌 본사 부사장과 만날 기회가 있었다. 수십 개국을 방문하는 살인적인 일정을 소화하며 기업의 핵심부서인 디지털전략까지 이끄는 그녀는 입양한 어린 아들 얘기 때문인지 카리스마와 함께 따뜻함이 느껴지는 리더였다. 비결이 궁금했다.

"우리 회사처럼 변화가 많은 조직에서 책임이 엄청난 도전적 역할들을 성공적으로 수행하고 있는데, 그 노하우가 무엇인가요?"

"전 단지 그만두지 않을 뿐이에요. 회복력이 강한 리더는 처음부터 태어나는 게 아닙니다. 인생의 경험들이 당신을 더 강한 사람, 더 좋은 사람으로 만들어줍니다I just didn't quit. Resilient leader is not born. Life experiences make you stronger and better.."

겸손한 진심에 더 울림이 있었다.

주변에서 커리어 조언을 한마디 해달라는 요청을 받을 때면 '세상에 공짜는 없다'는 말을 한다. 그다지 멋진 표현은 아니지만 내가 전하고 싶은 메시지의 본질도 사실 그녀와 같다. 전문지식은 《일만 시간의 재발견》(안데르스 에릭슨/로버트 풀, 비즈니스북스, 2016)에서 언급한 것처럼 본인의 집중적인 노력 여하에 따라 상대적으로 단기간에도 획득이 가능하다. 하지만 경험이라는 시간을 보내야만 성장이 가능한 영역은 다른 문제다.

"세상에 공짜는 없어요. 수많은 잠 못 드는 밤을 보내야 좋은 리더로 성장할 수 있어요."

글로벌 기업 교육담당자로 인사업무를 처음 시작했을 때 본사가 계약을 맺은 업체의 교육내용 일부를 편집해서 직원대상으로 직접 교육을 했다. 의도는 선했지만 저작권에 대한 무지함으로 연봉보다 많은 돈을 배상하고 회사에서 해고될 위기를 겪었다. 돈도 돈이지만 아마추어 같은 실수가 창피했고 이제 막 시작된 커리어 성장 기회가 그대로 날아가는 것은 아닌지 몹시 불안했다.

가족사의 어려운 일들과 업무 스트레스가 겹치며 몇 년에 걸쳐 반복적으로 큰 수술을 받아야 했다. 겨우 버티며 직장생활을 하던 나는 아침 수술이 있기 전날 저녁회의에 참석하는 나를 당연하게 여기는 상사로 인해 무너지는 심정을 느꼈었다.

내몰리듯 회사를 그만둬야 하는 순간도 있었다. 아끼는 팀원에게 가장 어려운 상황에 배신을 당하기도 했다.

나만 이랬겠는가? 비교도 안 되는 어려운 일들을 겪어

낸 사람들이 주변에 수두룩하다. 그런데, 생각해보니 정말 수많은 잠 못 드는 밤들이 나를 성장시켰다. 인사전문가로, 리더로, 무엇보다 타인에 대한 이해와 배려를 가진 한 인간으로 말이다.

글로벌 회사에서 임원후보를 평가할 때 흔히 쓰는 표현 중에 '시니어 프레즌스Senior Presence'라는 것이 있다. 우리말로 하면 '어른의 내공'이나 '고수의 향기' 정도로 해석된다. 어떤 사람을 만나면 왠지 모르게 느껴지는 그 사람만의 아우라로 설명할 수 있을까? 업무능력이나 물리적인 나이, 공식적 지위가 주는 권위와는 다른 '그 사람의 내면에서 우러나오는 힘' 같은 거다. 다양한 경험을 하며 어려움을 이겨내고 견딘 사람만이 갖추게 되는 인생의 주름으로 보면 좋을 것이다.

한 TV 프로그램에서 서장훈이 이경규에서 조언을 구하는 것을 보았다. 어떻게 하면 그렇게 오래 예능에서 승승장구할 수 있는지.

"그냥 오래~ 하면 돼. 그런 생각하지 말고 그냥 오래하면 돼."

이경규의 대답에는 유머와 철학이 담겨 있었다.

요즘 본인만의 자부심과 신념을 가지고 자기분야에 열중했던 사람들의 이야기로 많은 사람들이 용기를 얻고 있다. 〈오징어게임〉으로 골든글로브 남우조연상을 받은 배우 오영수나 〈미나리〉로 여우조연상을 받은 윤여정이 그렇다.

조직생활이 꾸역꾸역 참아내며 불행하기만 하다면, 그래서 내 삶이 망가지고 있다면 그건 안 된다. 하지만 견딜 수 있다면 버텨보는 자세도 필요하다. 그게 내공이 되고 실력으로 쌓인다.

2021년 올림픽에서 욘사마 열풍을 일으킨 배구 여제 김연경이 본인의 인스타그램에 올린 문구다.

'지금 힘든 것은 지나가는 구름이다. 인생 전체를 두고 봤을 때 잠시 지나가는 구름이다. 그러니 기죽지 말고 힘내시라.'

오늘 하루의 삶이 어땠는가? 행복하고 감사한가? 직장에서는 별일 없었는가? 많이 고단했는가? 당신은 깊어지고 강해지며 대견하게 성장하고 있는 중이다. 기죽지 말고 고개 빳빳이 들고 힘내시라. 오늘 하루도 버텨보시라.

Keep your chin-up!

인사의 다섯 가지 시선

32
그래도 좋아하는 일을 하고 싶어

"너도 동호회 가입 안 했어? 관심사병 같은 건가? 내성적인 사람은 내성적일 수 있게 편하게 내버려두면 안 되나?"

– 〈나의 해방일지〉(JTBC, 2022)

회사의 동호회 가입 권장이 불편한 드라마 속 한 남자의 대사다. 공감된다. 사회생활 하는 내내 나도 그랬다. 내가 가진 본래의 모습대로 맘껏 내향적이기 어려웠다. 아닌 척하느라 에너지 소모가 많았고, 그러다 오버해서 실수도 했다.

　조직생활은 '이래야만 해'로 표현되는, 해야만 하는 것들이 아직도 참 많다. 20년 전 기업에서 인사업무를 처음 시작할 때는 지금보다 '전략적 인사'의 개념이 약했다. 직원들이 떠올리는 인사담당자의 전형적인 모습은 소위 인간관계 좋고 사교성이 높은 사람이었다. 사람 사귀는 데 시간이 걸리고, 넓은 인간관계보다 소수의 사람들과 깊은 관계를 맺는 나의 성향은 개선해야 하는 대상으로 여겨졌다. 대놓고 아쉬움을 표현하는 상사의 피드백에 내가 정말 인사담당자로서 자질이 부족한 건 아닌지 다른 일을 찾아야 하는 건지 고민도 했다.

　그런데 다른 일을 찾기에는 인사업무가 너무 재밌었다. 중요한 일을 한다는 자부심과 사명감도 높았다. 전문성을 쌓기 위해 그만큼 노력도 했다. 도대체 사람을 존귀하게 여기는 마음보다 인사에 더 적합한 자질이 있을까?

　뇌과학에 근거해서 사람의 성향과 자질을 판단한 후 직무에 배치하는 채용검사도구가 있다. 이 회사는 검사결과와 실제 업무성과와의 높은 상관관계를 증거로 마케팅을 한다. 회사의 입장에서는 잘할 수 있는 사람을 선택했으니 성과가 좋을 수 있겠다. 물론 그 업무를 하는 사람들이 행복한가는 다른 문제다.

살면서 가끔 천재적인 예술가나 타고난 능력자들을 만나기도 하지만 세상에 무언가를 잘할 수 있는 전형적인 유형이 존재하는 것 같진 않다. 언어장애를 가진 세일즈맨의 성공담이 그렇고, 실제 성격이 내성적인 개그맨들도 많다. 수전 케인Susan Cain의 《Quiet》(Penguin Group, 2012)라는 책에 보면 내향적인 사람의 힘에 대해서 잘 설명하고 있다. 동양인에 비해 훨씬 적극적으로 보이는 서양인도 성향검사를 해보면 실제로 내향적인 사람의 비율이 동양인과 비슷하다고 언급한다. 단지 사회적 압력 때문에 외향적인 것처럼 행동한다는 것이다. 직원의 주도성과 역량이 높으면 오히려 내향성이 높은 리더 밑에서 더 좋은 성과를 낸다는 결과도 있었다.

내가 하는 일을 좋아하면 노력하게 된다. 인간관계에서도 사랑하면 노력하게 되지 않는가? 다른 사람들에게 베풀 마음의 여유도 생기고 멀리 보며 조직에 기여할 수 있다. 부모가 자랑스럽게 생각하고 남들이 부러워하는 직업을 가졌지만, 정작 본인은 행복하지 않은 사람도 종종 만날 때면 안타깝다.

갤럽사Gallup의 강점진단을 받은 적이 있다. 나의 강점은 전략 strategic, 발상ideation, 행동activator, 절친relator과 자기확신self-assurance이다. 나의 강점을 알게 되니 자신감이 높아졌고, 타인의 강점을 알게 되니 긍정적인 시각으로 그들을 볼 수 있어 좋다. 무엇보다 좋은 점은 이 강점들이 어떤 역할에 적합성을 평가하는 분류가 아니라, 각자가 원하는 일을 잘할 수 있는 개인의 특성을 알려준다는 것이다.

물론 노력은 필요하다. 좋아하는 일을 잘해내기 위해 나의 특성을 어떻게 발전시켜 가야 하는지 고민해야 한다. 타인의 피드백에도 열려 있어야 한다. 조직이 요구하는 적절한 수준의 페르소나도 때로는 필요하겠다. 아시아태평양 담당 역할을 처음 할 때 나의 조용함이 도움이 되지 않는다고 느꼈다. 제한된 시간 안에 가상의virtual 환경을 통해 관계를 구축하기 위해 평소 모습과 달리 다른 나라 담당자들에게 적극적으로 다가갔다.

다행히 지금은 성향 자체로 인사담당자의 자격을 평가하지는 않는다. 그냥 그런 특성을 가진 사람으로 인정해준다.

주변에서 천생 HR이라는 말을 자주 듣는다. 자신들은 회사를 그만두면 지금 하는 일을 더 이상 하고 싶지 않은데, 코칭처럼 인사와 관련된 분야의 미래를 꿈꾸는 내가 부럽다는 말도 한다.

나는 자신이 좋아하는 일을 하는 게 중요하다고 믿는다. 그래야 일을 통해 행복감도 느낄 수 있다.

33

워케이션을 기다리며

한 지인이 일 년 전 한 달 동안 제주도에서 재택근무를 했던 추억을 SNS에 공유했다. 그는 한국에서 아시아태평양 지역을 리드하고 있다. 코로나로 출장이 없어진 상황이라 서울 본사에 있으나 제주도에 있으나 차이가 없으니 원격으로 근무하며 중간중간 여행을 한 것이다. 최근 화두가 되고 있는 '워케이션'을 먼저 경험한 셈이다.

'워케이션Workation'은 일Work과 휴가Vacation의 합성어로 원하는 곳에서 업무와 휴가를 동시에 할 수 있는 제도를 의미한다. 지난 2년여의 시간동안 재택의 장점과 효율성을

인사의 다섯 가지 시선

경험한 지금으로선 비단 글로벌 직무가 아니어도 워케이션이 얼마든지 가능한 세상이 되었다. 물리적인 장소는 이제 별로 의미가 없다.

실무자로 커리어가 한창 성장하던 30대에 업무가 정신없이 바쁘기도 하고 일이 재밌기도 해서, 자발적인 야근과 주말 근무를 마다하지 않았었다. 건강 생각도 해가며 쉬엄쉬엄 워라벨을 챙기라고 조언하는 사람도 있었다. 주변에서 걱정하는 것보다 나는 워라벨을 사실 잘 챙기고 있었다. 일 년에 한두 번 2주 정도의 기간으로 해외여행을 다녔고, 주어진 휴가일수를 남겨본 적이 거의 없다.

다만 나는 워라벨의 호흡이 긴 사람이다. 워라벨이 매일매일 맞을 필요는 없었다. 일 년을 놓고 보면 바쁜 때와 쉴 때가 적절히 조화되어 있었다. 가끔은 일 년 내내 바쁜 경우도 있었지만 그래도 괜찮았다. 인생을 좀 더 길게 보면 더 많이 일하는 나이와 더 많이 쉬는 나이의 균형은 있으니 말이다.

그런데 이제 재택근무와 하이브리드 방식이 생활화되면

서 일과 삶이 굳이 분리되어야 할 필요가 점점 없어지는 것 같다. '워케이션'처럼 워라벨을 맞출 수 방법이 훨씬 확대되었다. 워라벨의 환상이 실현되는 행복한 삶을 위해서 일을 떠나야 할 이유가 없어진 것이다.

재택근무를 선호하고 워라벨을 직장생활의 중요한 덕목으로 여기는 MZ세대도 일의 효율과 삶의 활력을 함께 누릴 수 있는 방법을 실행해가면 좋을 듯하다. 코로나 초반 회사가 우려하던 것과 달리 근태관리나 성과평가에 대한 고민은 오히려 적어졌다.

개개인의 성과가 더 명확히 드러나며 더욱 실력으로 승부해야 하는 세상이 되었다. 그러니 어디서든 일만 잘하면 된다. 철저하게 성과로 검증받으니 본인의 라이프 스타일에 따라 근무방식을 선택하는 자율성도 높아졌다. 일에서 도망치지 않고도 워라벨을 지키고 행복한 삶을 추구할 수 있다.

나 역시 워케이션을 기다리고 있다. 물리적으로 주 2~3회 정도 출근해야 하는 지금의 프로젝트가 끝나면 좀

길게 워케이션을 할 예정이다. 이왕이면 국경이 개방된 해
외 어딘가였으면 좋겠다.

34
일의 이유

인사분야에서 일하는 장점 중의 하나는 타 직무와 달리 이직할 때 산업분야의 제한 없이 회사를 선택할 수 있다는 점이다. 덕분에 다양한 회사에서 일하다 최근 과거에 경험했던 산업으로 되돌아왔다. 10년 전쯤에 함께 일했던 직원들이 곳곳에서 활약하고 있었다. 소식을 들은 과거 동료들이 연락을 해오기도 하고, 반가운 마음에 내가 먼저 만나자는 제안도 했다.

공들여 기획했던 핵심인재 프로그램을 거쳐간 젊은 직원이 사장이 되어 있다. 고용계약서를 검토해주고 평판조

인사의 다섯 가지 시선

회를 도와줬던 직원은 그 회사 역사상 가장 높은 직위의 여성임원이 되었다. 아시아지역 구매담당 임원이 되어 있는 직원이 본인을 설득해서 이 직무로 보낸 사람이 나라며 오래된 기억을 끄집어내어 고마움을 전한다. 이직을 앞둔 그녀는 또다시 나에게 조언을 구한다. 이게 진짜 인사업무를 하는 장점이다. 누군가의 재능과 잠재력을 알아봐주고 성장에 기여하는 일은 언제나 값지고 보람 있다.

최근 많은 조직에서 코칭에 대한 관심이 높아지고 있다. 처음 코칭을 접할 때 '해결할 문제What'가 아닌 대화를 나누는 '사람, 존재Being'에 집중하라고 배웠다. 이제는 '머물러 있는 존재Being'에서 나아가 '변화하는 존재Becoming'가 코칭에서도 화두다. 사람은 성장하기 때문이다. 코칭처럼 혹은 코칭을 통해 사람의 성장을 이끄는 일이 인사업무다. 경력이 성장하기도 하고 그들의 삶이 달라지기도 한다.

물론 인사업무 안에는 온갖 다양한 책임이 섞여 있다. 최악으로 하기 싫은 일도 포함된다. 좋아하는 일만 선택할 수 있다면 이상적이겠으나, 알다시피 회사일은 그렇지 못하다. 열심히 일해도 칭찬받기보다 욕먹지 않으면 다행인 경우도 있다. 주인 없는 잘못의 불평 대상이 되기도 한다. 그런 순간에 나를 일으키는 힘이 이 일에 대한 뿌리 깊은 자부심이다. 인사업무가 사람과 조직에 선한 영향을 미칠 수 있는 대단히 중요한 일임을 안다. 그리고 왜 일하는지 아는 사람은 결코 흔들리지 않는다.

비즈니스의 성장에 치우쳐 인사는 단순히 지원 역할만 하는 수준에 머물러 있었던 회사에 입사했을 때 리더들에게 약속했었다.

"인사가 달라지면 조직이 달라집니다. 아직 경험에 보지 않으셨죠? 저는 해봤으니 어떻게 달라지는지 보여드릴게요."

헌신적으로 최선을 다해서 일했다. 정말 인사로 인한 조직변화가 있었는지에 대한 평가는 그들의 몫이다. 하지만 적어도 내게는 일하는 동안 쉽게 좌절하지 않고, 원칙이 아닌 일에 타협하지 않을 수 있는 이유가 되어주었다.

당신이 지금 하는 일은 당신에게 어떤 의미가 있는가?

《신화 읽는 시간》(구본형, ㈜미래엔. 2012)이라는 책에 보면 '좋은 직업을 밥+존재'로 정의하고 있다. 600km를 7시간 운전해 출장을 다녀온 동료가 긴 시간의 출장이 이제 늙어서 힘들다며, 언제까지 이 일을 할 수 있을지 살짝 고민되었는데, 어린 막내아들 생각에 금방 정신 차렸다는 말을 한다.

내게도 직장은, 일은 밥벌이다. 그런데 동시에 일의 이유를 찾는다는 것은 성숙한 인간으로의 여정이기도 하다. 그게 무엇이든 밥벌이에 그치지 말고 뜨거운 이유를 찾아 스스로 가치 있는 존재가 되기를 바란다.

참고도서

- 김은주, 《생각이 너무 많은 서른 살에게》, 메이븐, 2021
- 모르텐 알베크, 《삶으로서의 일》, 김영사, 2021
- 바버라 에런라이크, 《노동의 배신》, 부키㈜, 2012
- 송길영, 《그냥 하지 말라》, 북스톤, 2021
- 신시아 샤피로, 《회사가 당신에게 알려주지 않는 50가지 비밀》, 서
  돌, 2007
- 이나모리 가즈오, 《왜 일하는가》, 다산북스, 2021
- 이은형 외, 《사실은 야망을 가진 당신에게》, 김영사, 2021
- 크리스틴 포래스, 《무례함의 비용》, 흐름출판, 2018
- 킴 스콧, 《실리콘밸리의 팀장들》, 청림출판, 2019

인용도서

- 구본형, 《신화 읽는 시간》, ㈜미래엔, 2012
- 기시미 이치로 외, 《미움받을 용기》, ㈜인플루엔셜, 2014
- 김지혜, 《선량한 차별주의자》, ㈜창비, 2019
- 도쓰카 다카마사, 《세계 최고의 인재들은 왜 기본에 집중할까》, ㈜
  비즈니스북스, 2014

- 돌리 추그, 《상처 줄 생각은 없었어》, HaperCollins Publishers/든, 2020
- 라즐로 복, 《구글의 아침은 자유가 시작된다》, ㈜알에에치코리아, 2015
- 베르벨 바르데츠키, 《너는 나에게 상처를 줄 수 없다》, ㈜웅진씽크빅, 2013
- 샬런 네메스, 《반대의 놀라운 힘》, 청림출판, 2018
- 신수정, 《일의 격》, ㈜턴어라운드, 2018
- 콜린 브라이어 외, 《순서파괴》, 다산북스, 2021
- 한근태, 《나는 심플한 관계가 좋다》, 두앤북, 2019
- Mark Samuel, 《Making Yourself Indispensable》, Penguin Group, 2012
- Susan Cain, 《Quiet》, Penguin Group, 2012